社員が会社のファンになる

就労幸福度アップの教科書

平栗 健太郎 著

ビジネス教育出版社

■まえがき

◆〝幸せな成長企業〟のカギは『受容文化～COA～』にあった！

「今日の仕事は、楽しみですか。」

これは2021年に、東京・品川駅で展開されたディスプレイ広告の「キャッチコピー」です。この広告は、掲載初日からSNS上で批判が殺到し、翌日には「掲載中止」となりました。大きな炎上に発展したのは、「仕事がつらい人の気持ちをわかっていない」といった批判が集中したためでした。

このニュースからもわかる通り、日本には「仕事＝楽しくない」と考えている人が少なくありません。しかし、それはとても残念なことです。職場というのは、日常生活では味わえないような〝幸福感〟を得られる場所でもあるからです。

私自身は、会社の仲間たちが、仕事に「やりがい」を感じ、笑顔で輝いているときに、この上ない幸せを感じます。「あぁ、今この瞬間、私は最高に幸せだな」と、そんなふうに思うのです。

経営者も社員も、ともに幸福感で満ち溢れた会社を作るには、何が必要なのでしょうか？

私は、そのカギを握るのが「受容文化ＣＯＡ（＝Culture of Acceptance）」だと考えています。「受容文化ＣＯＡ」とは、一人ひとりの社員のアイデンティティを〝丸ごと〟入れる社内文化のことです。〝丸ごと〟ですから、ポジティブな部分だけでなくネガティブといわれるような部分も受け止めます。

私は、会社に対して嫌いな部分があってもいいと思うのです。人間、生きている限り、様々な感情を抱くのが普通です。その前提で、「どう楽しんでいくのか」「どうやりがいを作り出すのか」を考えることが大切だと考えています。

「家と同じように、会社でもありのままの自分でいられる」という「心理的安全性」のなかで仕事ができると、人間の心は「自由」と「豊かさ」で満たされます。それが、仕事や職場での「働きがい」や「幸福感」に結びつくのです。

これが、本書でお伝えしたい最も重要なメッセージです。本書は「幸せな会社の作り方」

を解説する本です。本書を読んで実践すれば、「社員が〝ファン〟になる企業」に変えられるでしょう。

◆社員が〝自己否定〟に走る本当の理由、知っていますか？

はじめまして。平栗健太郎（ひらくり　けんたろう）と申します。

私は、80万人以上が使用する「ＳＯＬＡＮＯＷＡ」というＷＥＢ社内報アプリを開発するスカイアークという会社で代表を務めています。

ここで一つ、質問です。みなさまの会社の社員は「やる気」にあふれていますか？

「28カ国・3万3０００人対象」の調査では、日本人のやる気は〝世界最下位〟であることがわかっています。

あなたも「社員のやる気のなさ」に悩んでいて、この本を手に取られたのかもしれません。

さて、なぜ、多くの日本人は仕事に対して、前向きになれないのでしょうか？

その一つの理由には、仕事を通じて「自己否定」に走ってしまう人が多いことが関係しているように思います。

「自己否定」とは、「どうせ自分なんて」とさげすみ、自分自身のことを否定することです。「どうして自分はこんなミスをするんだ」「目標を達成できない自分には価値がない」などと、自己否定に走った経験はありませんか？

実は、私自身も、若い頃は際限なく「自己否定」を繰り返すような人間でした。


成功はよいこと、失敗は悪いこと。


そんなふうに白黒つけて、些細なミスをするたびに「なんで自分は、こんなにダメなんだ」と落ち込み、絶望していたものです。こうした感情に支配されている人が減らない限り、日本人の「働く幸福度」が向上するはずがありません。

では、なぜ日本人の多くは「自己否定」に走ってしまうのでしょうか？

それは、日本の職場が「信頼」と「信用」の混在している場所だからです。

「信頼」とは、見返りなしに相手を尊重する心のことです。そこには「あの人はできる／できない」といった掛け値は、一切ありません。ただ相手のありのままを受け入れ、「次も期待しているよ」とエールを送り続けます。

一方、「信用」とは、実績ありきで相手を認める心持ちです。相手になんらかの実績があれば「あの人はできる」と信じ、物事を任せるような態度です。

多くの日本の職場は、残念ながら「信用」の価値観が根強く浸透しています。そのため「会社や上司の期待に応えなきゃ」と必死になってもがく人が少なくありません。

こうしたなかで、期待に応えられなかったときに「自己否定」してしまいます。この〝負のスパイラル〟によって、日本人の就労幸福度は下がり続けているように思うのです。

◆社員を幸せに導く「ウェルビーイング・カンパニー・メソッド6原則」

日本のGDPは「世界第3位」です。しかし、日本の「就労環境」は、決して満足できるようなレベルではありません。

・「うつ状態」になる人の割合は

―アメリカが「9.6％」
―日本は「30・4％」で3倍も多い

・入社3年以内の離職率は
「32・8％（大卒）～59・8％（中卒）」（２０１９年度）

・パワハラの相談件数は
「１４２０件」で、急増している（２０２１年度）

データをみると、日本人の働く「幸福度」の低さが容易に想像できます。

もしも、あなたの職場を幸せな社員であふれる企業に変えたいならば、本書で提唱する「ウェルビーイング・カンパニー・メソッド6原則」を実践してみてください。

〈ウェルビーイング・カンパニー・メソッド6原則〉

・社内に「受容文化COA」を作る
・リーダー・管理職が「自分の感情」を自覚する
・目標は「数字」だけではなく「情景」も共有する
・「ポジティブ・フィードバック文化」を作る
・会社と社員がつながる「居場所」を作る
・「パーパス（＝存在意義）」と合致する人財を採用する

ポジティブ・フィードバックとは、相手の頑張りや、よい面に注目して前向きな言葉でアドバイスすることです。

ここでは「ポジティブ・フィードバック文化」を作る、の概要を少しだけお話ししましょう。

もしも、幸福な会社を作りたいならば、社員同士の「ポジティブ・フィードバック」を推奨することから始めてみてください。

「一生懸命頑張っている姿、見ていたよ。今月もありがとうね」
まずは、こんなふうに賞賛の言葉をかけます。そのうえで「自分の言葉」で、来月に目指せる目標などを語ってもらうのです。

ポジティブ・フィードバックが当たり前になると、「お互いのいいところ」を賞賛し合う企業文化が根付きます。誰でも、自分の頑張りを賞賛されるのは嬉しいですから、仕事への活力が得られて、生産性が高まります。職場での「心理的安全性」が高まるため、離職率やハラスメントが減少します。「悩み」や「相談」などもしやすくなるため、「風通しの良い会社」になります。それが、ずっと働いていたいと思える「幸福企業」につながるのです。

フィードバックだからといって、「相手のできなかったところ」ばかりを指摘していませんか？「Ｔｏ ｄｏ（＝やるべきこと）」起点のフィードバックは、「マイナスを埋める」ことが前提です。そのため「足りないところ」と向き合い続けなければなりません。それでは、いつまで経っても満たされません。

ぜひ、頑張りを賞賛し合う「ポジティブ・フィードバック」を浸透させてください。「自己肯定感」のある社員が増えて、社内の雰囲気がガラッと１８０度変わるはずです。

「ウェルビーイング・カンパニー」の実現を加速するためには、経営者と社員全員の心の在り方のシフトが必要となります。そのための「ウェルビーイング・カンパニー実現のための7つのマインドシフト」を第3章で紹介しています。

本書では、社員が会社のファンになり、従業員エンゲージメント率を高めるような考え方や具体的な方法をお伝えします。日本の就労幸福度を高めることに貢献できるよう、みなさまと一緒に考えていきたいと思います。

平栗　健太郎

※弊社のサービスコンセプトは「みんなが会社のファンになる」ですが、本書では第一歩となる「社員が会社のファンになる」を中心にお伝えします。

目次

第2章　『受容文化〜COA〜』で〝幸せな成長企業〟に生まれ変わる！

第3章 なぜ就労時間が減ったのに「売上1.3倍」になったのか？

第4章 社員が会社のファンになれば組織は勝手に回り出す

第5章 生産性が上がるWellbeing、下がるWellbeing

第6章 日本中の会社を「笑顔」であふれかえらせたい

1

社員が辞める「本当の理由」を知っていますか？

1-1
日本の「就労幸福度」は「１２９カ国中１２８位」で最悪レベル

日本の就労幸福度が世界的に見ても非常に低いことはご存知でしょうか？　米ギャラップ社の調査結果によると、日本では熱意あふれる社員の割合が６％であり、これは１２９カ国中１２８位と最低レベルです。世界平均の15％と比べると日本の[1]従業員エンゲージメント率は非常に低いことがわかると思います。さらに、アメリカとカナダは31％と高く、日本の５倍以上の従業員エンゲージメント率です。

就労幸福度とエンゲージメント率が高い職場には多くのメリットがあります。前述の調査によると、エンゲージメント率の高い職場では欠勤が41％低く、品質欠陥は40％少ないというデータが出ています。なぜ、日本の社員のエンゲージメント率はこれほどまでに低いのでしょうか？　多くの原因があると思いますが、少なくとも日本の社員は雇用環境に十分に満足していないと言えるかもしれません。

さらに、上司と部下の関係も国によって差があります。アメリカやカナダでは上司と部下は対等であり、お互いに評価し合う関係を保っています。一方、日本では上司が一方的に部下を評価することが多く、上下関係がはっきりしています。上司と部下の関係にはヒエラルキーが存在し、上司の発言には一定の強制力が伴います。その結果、弱い立場にいる労働者は伝えたい要望が伝えられず、不満を抱えてしまうのでしょう。

上下関係の中では仕事に対して過度な期待が生まれてしまいます。例えば部下からすると上司はチーム全体の状況を見ながら、各員のスキルや仕事配分を鑑みて、素早く適切な判断を下すべきであるという期待や、上司からすると担当業務に関しては、適切に対処することに加えて、業務中に気付いた問題点などは改善案と一緒に提案するのが「仕事」であるといった期待です。残念ながらこうした環境下であれば、しっかりと仕事をこなしてもできて当たり前とみなされ、あまり評価されないと感じる人も多いでしょう。

このような日本特有の上司と部下の関係性は、働く人に高いストレスを与え、日本の就労幸福度の低下を招いていると分析しています。アメリカやカナダと比較して、日本の会社員

1　従業員エンゲージメントとは、従業員が企業理念に共感し、業績向上のために自発的に「会社に貢献したい」と思う意欲のことを指す。従業員エンゲージメントが高ければ高いほど、従業員は「企業に対する信頼の度合いが高い」「従業員と企業とのつながりの強い」といえます。

は〝やらされ感〟が強いために、職場での積極性を失いつつあるのです。

1－2 日本人の「仕事のやる気」は28カ国中ダントツ最下位

アメリカの人事コンサルティング会社KeneXa High Performance Instituteは、28ヵ国の社員100名以上の企業・団体に所属する社員を対象に「従業員エンゲージメント指数」を調査しました。インドが77％で世界1位、アメリカ59％、中国57％と並び、日本は31％で最下位でした。世界基準でも、日本企業の社員のやる気とモチベーションは低迷しているという結果が出ています。

新入社員の頃にはやる気にみなぎっていた人でも、入社3年目を過ぎた頃にはやる気がなくなってしまうケースが散見されます。やる気が低下する原因は様々あると思いますが、上司が原因になることも多いです。つまり、入社してすぐの時期に「こういうことをやりたい」と上司に提案しても、「現実的じゃない」「余計なことをするな」などと否定的なフィードバックをされ続けるのです。そして、新人社員は年々仕事への意欲を削がれていく悲しい結末が待っています。

なぜ日本企業では挑戦を否定する雰囲気になってしまうのでしょうか？　要因のひとつとして、責任の所在が曖昧である点が挙げられます。海外の企業では上司が責任を取る代わりに部下のやりたいことをさせます。その一方で、日本では誰かが失敗した時に、責任をとるのは上司なのか部下なのかがはっきりしていません。むしろ、部下よりも上司が失敗を恐れている傾向さえあります。悲しいことですが、多くの上司は部下の失敗の責任を取りたがりません。そのため、部下に新しい挑戦をさせず、結果として部下のやる気が下がるのです。

日本社会では、失敗への恐怖が常にあります。大きな失敗を一度でもしてしまうと管理職になれないという話は耳にしたことがあるかもしれません。失敗への恐怖から新入社員は挑戦することを諦め、次第に仕事へのやる気や興味を失ってしまうのです。

また、日本では年功序列であるため、挑戦して成功してもリターンが少ないと言えます。挑戦してもその成果に見合った報酬が十分に得られないことあり、若いうちにはいくら大きな成功をしても給料が上がらないのです。このような制度の下では、挑戦するリスクの方が大きいため、やる気を維持するのは非常に難しいでしょう。

今の時代、企業が成功するかどうかは、若い社員が高いモチベーションを維持できる職場を作れるかにかかっていると感じています。

1-3 88％の日本企業が「働き方改革」に失敗している

日本企業526社に実施した働き方改革の効果に関するアンケート調査では、88％が「成功していない」と回答しています（クロスリバー社調べ）。しかも、この調査は2年以上も働き方改革を推進した企業に対して行っており、それでもほとんどの企業が自社の働き方改革は失敗したと考えているのです。

この理由を私なりに分析すると、失敗したと回答した日本企業はマネジメント＝管理と認識していることに根本原因があります。つまり、働き方改革でリモートワークが増えた結果、自分たちの目の届かない位置で働く社員が増えたため、以前よりも管理しにくくなったと捉えているのです。

実際、私の会社やクライアント企業を見ても、働き方改革は一定の成果が出ていると感じています。例えば、在宅ワークを導入することで、往復の通勤時間がなくなり、以前よりも仕事の生産性が向上しています。さらに、労働時間が短いにも関わらず、出社していた時よりも成果が出ているのです。

働き方改革が失敗に終わったと考えているのは、主に経営陣や管理職のメンバーです。本当の問題は、「社員を思い通りに動かさなければならない」という思い込みにあるのではないでしょうか。「自分たちが見張っていないと社員はサボるのではないか？」という疑いの気持ちがあることは、社員にも伝わります。しかし、社員がファンになってくれる会社は、自分たちが見ていないところでも、社員は会社のために働いてくれるのです。従来の日本企業の考え方は、トップダウンで管理することを良しとする傾向があります。現在は多くの企業で副業も解禁されて、社員の自由度も高くなりました。もう、社員を自社に縛り付けておくことは、できなくなった時代と言えるでしょう。特に、経営陣や管理職は抜本的に考え方を見直す時期に来ているのです。

1-4 あなたは「退職届」の真意を知っていますか？

社員の退職の理由は、100人いたら100通りあります。今でこそ社員が会社のファンになる方法を本に書いていますが、以前、私の会社では多数の退職者が出たつらい時期がありました。そして、ほとんどの場合、退職届には「一身上の都合により退職します」と書かれています。残念ながら、退職届の裏にある退職者の本音はなかなか表には出てきません。

私はこの退職届を「経営を変えて欲しい」という彼らからの最後のメッセージだと捉えています。会社ともめ事を起こしたくないために、真の理由はヴェールに隠れていますが、彼らの真意は経営の改革を望む声と言えるのです。

退職の原因として一番多いのは人間関係の悪化です。これは、失敗の理由を他人に求めてしまうことによって起こります。「やります」と言って引き受けた仕事が実際にはできていなかった場合、あらゆる失敗の責任が一人に押し付けられることがあります。こういった所から人間関係のズレが生まれます。しかし、本来は、会社は共通の目標に向かって一人一人に仕事を割り振っているだけのはずです。そこに優劣はなく、過度に一人の社員を責める道理はありません。この悲劇を防ぐためにも、常日頃から共通の目標に向かってチームで仕事をしていることを社員一人ひとりに理解してもらうことが大切です。

退職の原因の2つ目は、社員と社風が合っていないことです。社員のキャラクターと会社の雰囲気が正反対だと、お互いが不幸になります。社員の成果も出にくくなり、居心地の悪さから最悪のケースでは離職に繋がります。これは、採用時に注意していれば、ある程度は防げます。面接時に、応募者の文化や背景が社風とマッチしているか、しっかり吟味する必要があります。そういう私自身は10年前に採用で大きなミスを犯してしまいました。現場の業務を何とか回すためにスキルのある人財ばかりを採用し、個人のヒューマンカルチャーを軽んじてしまったのです。彼らは会社の社風と合わず、成長の機会になるどころか十分にパフォーマンスを発揮せずに去っていきました。

退職の原因の3つ目は、会社が社員のウェルビーイングを高めることができていないことです。最もケアすべき点は被雇用者の人生の幸福度が高められているかどうかです。これを防ぐには、個人が将来どうなりたいかをよくヒアリングし、一緒に考えることが必要です。私の会社では、一人ひとりに人生の目標設定を書いてもらっています。先日、新入社員からこのような嬉しい声をもらいました。「前の会社でも個人目標の設定をしてきましたが、経営陣から振り返りをやった上にフィードバックをもらったのは初めてです」という声です。私は、これからの会社は社員の人生の目標も一緒に考える必要があると感じています。

さらに、私の会社では社員が「半年後にどうなっていたいか？」というヒアリングも実施しています。ある社員は「毎月、好きなアーティストのライブに行きたい」と言っていたため、気がかりなくライブに行けるにはどうやって仕事したらいいかを一緒に話し合っています。今の時代で、退職を防ぎ、高いモチベーションで働いてもらうためには、このように丁寧に個人の要望を聞き、自己実現の達成と同時に成長を促すことが大切です。

1-5

なぜ、日本には自信のない社員が多いのか？

日本人は自信がない人が多いと言われます。それはビジネスの現場でも例外ではありません。いわば、多くの日本企業は自分に自信のない社員によって会社が回っていると言えるかもしれません。しかし、考えてみてください。現代は多くの企業が潰れていますが、倒産せずに存続している会社というだけで、やるべきことをこなせているはずです。本来褒められて然るべきところでも褒めてもらえない社員は、徐々に自信をなくしてしまいます。

内閣府のホームページに掲載されている「日本を含めた7カ国の満13～29歳の若者を対象とした意識調査結果（平成25年度）」でも、日本の若者の自信のなさが表れています。特に「自己肯定感」に関する調査では、自己肯定感が高い順に1位：アメリカ（86・0％）、2位：イギリス（83・1％）、3位：フランス（82・7％）、4位：ドイツ（80・9％）、5位：スウェーデン（74・4％）、6位：韓国（71・5％）、7位：日本（45・8％）となっています。他の国に比べて日本の若者の自己肯定感の低さが際立っていると言えるでしょう。

その大きな要因は教育の風土にあると考えています。日本の学校教育では、できた時にあまり褒められず、失敗した時に叱られる傾向が強いのです。このような失敗への風当たりの強さが日本の特徴であり、自信のなさを引き起こす原因です。特に年齢が上の世代の人々は「失敗したら終わり」という考え方が強い傾向があると思います。このような教育環境が、自信を持って挑戦できる環境を生み出しにくくしています。

一方、海外では日本とは正反対の環境があります。例えば、オーストラリアの教育現場では、出された意見が良いか悪いかは判断せずに、まずは褒めるという習慣があります。そのような環境で育った人は自信満々に意見を言うことのできる大人に成長します。

社員一人ひとりの学校教育をやり直すことはできませんが、会社で社員を褒めることで成長をサポートできると考えています。「できて当たり前」と捉えるのではなく、小さなことでも達成したらその度に褒めるのです。その積み重ねが自信のある社員を増やすための第一歩です。自信を持って自己表現できる場が与えられると、社員は自然と会社を好きになり、自由にアイデアや意見も言ってくれるようになります。

1-6

「期待に応えられない不安・恐怖」で押し潰されるビジネスマンたち

誰でも仕事をしていると、「失敗したらどうしよう……」と、そんな気持ちになることもあるでしょう。恥ずかしながら、私自身も社長になった今でもそう思うことがあります。経営者や経営陣は、「会社が倒産するかもしれないという恐怖」「株主の期待に応えられない不安」などを常に抱えています。実はその不安の本質は、深く掘り下げてみると、「もし失敗したら社会からダメな経営者というレッテルを貼られる」という恐怖です。同じように、社員も「失敗したら社会から排除されてしまうのではないか……」「二度と自分にチャンスが回ってこないかもしれない……」という不安を抱えています。しかし、本来このような不安を過度に感じる必要はありません。

なぜなら、周囲の人達はあなたが想像するよりもあなたの失敗を気にしていないからです。実際に、あなたも同僚が失敗したことをいつまでも覚えているでしょうか？　よほどの大失敗でない限り、ほんの一ヶ月前の失敗でもすっかり忘れているでしょう。多くの場合、自意識過剰であり、周りはその出来事をあまり覚えていないのです。

また、「失敗したら社会的に終わり」という通念も実際は幻想に過ぎません。堀江貴文氏やスティーブ・ジョブズ氏のように一度失敗のレッテルを貼られたことがあっても成功している経営者は多くいます。同様に、仕事で何回もミスをしても昇進できる社員もいます。

世の中の成功者と言われる人は、本当は成功確率が低いかもしれません。ユニクロの柳井正氏も『一勝九敗』という本を書いています。10年に1度、フリースやヒートテックなどの大ヒット商品が出ているだけで良いと言っているのです。1回の成功の前には、何十回何百回という失敗があります。会社でも、失敗は財産であり、成功への糧であるという理解を広めていくことが大切です。

社員の不安や恐怖を取り除くためには、「失敗しても大丈夫」と会社が思っていることを常日頃から社内で共有することが有効です。そして、社員が不安に思っていることを気軽にアウトプットできる環境を用意することが大切です。お互いに不安を共有できる仕組みがあれば、社員は「失敗はチームでカバーすれば大丈夫」と思うことができます。これだけでも、不安を一人で抱え、過度なプレッシャーに押し潰されてしまうリスクは減らすことができるのです。

1-7 リーダー達も「失敗への恐怖」に完全支配されている

会社の上司やリーダー達も同じように失敗への恐怖につきまとわれています。上司や社長であっても、「部下に嫌われたくない」「借金を背負いたくない」など、様々な恐怖を抱えているものです。多くの場合、部下はそのことを知りません。なぜなら、リーダー達は恐れをそのまま表現していないからです。本心ではつらい、怖いと思っていても部下に弱みを曝け出せず、本音のコミュニケーションを避けている現状があります。しかし、私の経験上からも断言できますが、これでは部下と心理的な距離を埋めることは絶対にできません。

私の会社ではある時期、一斉に5人の社員が辞めたことがあります。当時、私自身とても寂しく、心理的にもつらい思いをしました。そのとき、思わず社員に「俺もつらいよ……」とこぼしたのですが、そのときに社員がみんなで何とかしようと一つになってくれたのです。この時は、つらい状況の中だったので本当に救われた気持ちがしました。

また、あるプロダクションで働いている社員が「業務が忙し過ぎるからもっと人員を募集してほしい」と上層部に頼み込んできたことがありました。ひとしきり話を聞いたあと、幹部は「気持ちはわかるが、私の方が忙しいし、つらい」と本音を伝えました。すると、その社員は自分から外注先を見つけてくれたそうです。これは、本音のコミュニケーションをしてくれるリーダーには、ファンがつくという好例です。

多くのリーダーは失敗に対する恐怖を部下には隠そうとします。やはり、自分自身の恐怖の対象を認めたくないし、できない上司だと思われたくないという見栄やプライドもあります。しかし、私の経験からも強く思うのですが、自分に素直にならなければ部下や周りからの信頼は得られません。一度、勇気をもって必死に守っているプライドを捨て、自分の恐怖をありのままに曝け出してみて下さい。不思議なことに部下は「上司も大変なんだな」と人間味を感じて一気に距離が縮まります。そして、人間として好きになった上司の役に立ちたいと思う部下も現れるようになります。リーダーが自分を開示することが、実は社員のエンゲージメントを上げることにつながるのです。開示することでお互いの繋がりを感じながら、会社の業績も上げることができるので、ウィンウィンの関係になれると感じています。

1-8 リーダーが出す答えも正解とは限らない

部下の立場からすると、リーダーの方が経験も知識も豊富なので、正しい答えを持っていると考えがちです。実際そうでないことも多いのですが、自分自身が出す答えが正しいと思っているリーダーが多いのも事実です。その結果、部下はリーダーの「正しい答え」を期待するようになります。

たしかにリーダーが下す判断はこれまでの成功体験をベースにしています。失敗を避けることを第一に考えると、リーダーの判断に従うのが最良であるように感じるでしょう。しかし、リーダーも一人の人間ですから、複雑な事態のすべてを見通すことはできません。また、自分自身が成功した方法が、次も通用するとは限りません。

昭和では成功したノウハウでも、令和では全く役に立たないことがあります。例えば、営業マンがお客様と親交を深めるための方法は、昔は飲み会やゴルフが定番でした。営業マンによっては「お客さんと遊ぶのが仕事だ」と言い切っている人もいた時代です。しかし、令和の現在では、お客様と飲みに行く機会は、昭和の頃よりも大きく減っています。事前にホームページを見るなど、取引先の会社を評価するための情報が増えました。やはり、昭和の時代と比べると、リアル会合の頻度や重要性は少なくなったと言えるでしょう。

組織を動かしているとき、営業の現場ではリーダーの考えに従うことはよくあります。逆に、リーダーの考えと現場の考えが相違することもあります。リーダーと現場のお互いの考え方を知る一つの機会として、私たちが開発した社内報アプリも活躍しています。日常的に、社内コミュニケーションが促進されるため、お互いの考え方を把握しながら仕事を進めるメリットがあります。

「リーダーは正しい答えを持っている」というのは幻想に過ぎません。令和の時代では、過去の成功体験に取り憑かれていると、失敗する確率が高くなります。部下もリーダーの答えを期待していますが、この幻想をいかに早く手放せるかが重要です。リーダーの判断が絶対ではないという認識をリーダー自らが広めていくことで、立場を超えたフラットな議論をすることにつながります。その方が斬新なアイデアが生まれますし、謙虚なリーダーには部下も人間的に好きになってくれるのです。結果として、社内の雰囲気は良くなり、社員が会社のファンになるマネジメントにつながるでしょう。

2

『受容文化〜COA〜』で"幸せな成長企業"に生まれ変わる！

2-1 インドでの瞑想体験でたどり着いた「一つの答え」

受容文化ＣＯＡとは、Culture Of Acceptanceの略語です。私がこのＣＯＡという概念を取り入れることを決めたのは、２０１９年にインドで瞑想研修を受けた直後でした。

当時の私は、会社の事業責任者の一人としてマネジメントに携わっていましたが、限界を感じていた苦しい時期でした。当時の私は、自分の能力では「もうこれ以上、事業をスケールさせられないのではないか？」と感じていました。頭では「もっといけそう」と思っているのに、なかなか結果が出ないというジレンマを抱えていたのです。恥ずかしながら当時の私は、上手くいかない原因をメンバーのせいにしていました。

結果を出そうと様々な施策を行っても、成果が出ないので、「平栗さんのやり方が悪いんじゃないか？」と周りのメンバーから評価される日々。メンバーの意見も素直に受け入れられずにいました。

例えば、社員から「このやり方はどうでしょう？」と提案されても、反射的に「昔やったことあるけど、失敗したんだよ」「リスクが高過ぎるよね」「もう少し深く考えて決めなきゃダメでしょう」など、自分目線でストレートに否定的メッセージを伝えていたのです（これらの反応は、今になって思えば一種の自己防衛でした）。

このような私の在り方が変わるきっかけをくれたのが、インドでの瞑想研修でした。その研修には、グローバルに活躍する作曲家や起業家、投資家、大きな資産を持つ実業家など、ビジネスの分野で結果を出している人ばかりが参加していました。彼らと一緒に学んだのは、瞑想を通してとことん自分自身の内面と向き合うこと。その中で気づいたのは、自分自身があらゆる感情に蓋をしていたという事実です。

そして、自分の心の奥底に眠る2つの声にようやく出会えたのです。1つ目の声は「なぜ自分ばかり……頑張っているのに報われない……」で、もう1つの声は「俺、幸せになりたい」でした。非常にドロドロした気持ちと、キラキラした希望の2つの感情が自分の中に同居していることに気づきました。

「なぜ自分ばかり……」という声は、周りの人から生み出されたものではなく、自分自身が生み出している。「俺の方がやっているのに何で評価されないんだ……」「何で俺ばっかり我慢しなきゃいけないんだ……」という、自分が生み出した周りに対する感情だと気づけたのです。今振り返ると、とても恥ずかしい状態でした。

一方、「俺、幸せになりたい」という声は、自分の幸せとは何かについて初めてちゃんと考え始めたタイミングでした。世間一般の幸せの定義からすると、家族も仕事も家もあるし、経済的に困っている訳ではないし、十分幸せな部類に入ると思うのですが、どこかモヤモヤした部分もあったわけです。「一般的には」という他人の物差しで自分の幸せや存在理由を保っていたことに気づけたのです。40歳を超えて初めて自分にとっての幸せを考え始め、他人の評価を気にして人生を過ごしてきた事実を認めました。

自分の奥底にある声と真剣に向き合ったことで、自分の幸せは「やっぱり周りにいる人たちと共に充実した笑顔の時間を過ごすことだ」と気づきました。家族であっても、友人知人であっても、ビジネスの仲間たちであっても、周りの笑顔に囲まれている状態が自分にとって豊かだと思ったのです。これを会社に当てはめて、「どうしたら、一緒に働く仲間たちが充実して笑顔になり、躍動できるのか?」と考えました。「やはり、葛藤や苦しみはその人自身の中で自然に生まれるもので、周りがどうこうできるものではない」と結論づけました。

そして、相手の価値観や幸せの定義を尊重して、ちゃんと取り扱うことを決めたのです。自分の幸せと働く仲間たちの幸せを突き詰めたとき、今の状態をちゃんと受け止めることが大切であり、受容文化ＣＯＡというアイデアが浮かんできたのです。

2-2 自己防衛する自分に気づいたとき、涙が止まらなかった

「なぜこんなに自己防衛するのか？」と自分の原点を考えた時、3歳の頃にあるとわかりました。それは、弟が生まれた時、親の愛情を受けるために自分を守り始めたと気づいたのです。

私が3歳の時に、弟が生まれました。それまでは、親の愛情を独り占めしていた私は、弟から親の愛情を取り戻すために必死で考えて、あるアイデアを発明したのです。そのアイデアとは、「いいお兄ちゃんでいること」でした。つまり、いいお兄ちゃんでいるからこそ、親の愛情を受けられると考えたわけです。この3歳の時に発明した、いいお兄ちゃんを演じるアイデアは、小学校に入れば「いい児童でいること」、中学生になれば「いい後輩でいる

こと」、大学に進めば「いい友人でいること」、社会人になれば「いい部下でいること」に変化していきます。結果的には、どこの愛情を受けたら自分の存在価値が脅かされないかと優先順位を考えて、周りの人たちに期待される行動をするという事を無自覚にずっと繰り返したわけです。

これは、「**自分を守るために無意識にやりたくない事でもやる**」ということにつながります。例えば、会社の経営において、成果の出せていない社員を解雇せざるを得ない時もありました。このとき、自分個人としては社員に辞めてもらうことは嫌なことでしたが、会社の上層部からよく見られたい、よくやったと褒められたいという自己防衛から、「これは仕方のないことなんだ」と思い込み、当然のように役割をこなしていました。今から考えると、違う方法もあったと思いますが、当時は疑問にも思っていなかったのです。

私がこのことに気づいたのも、インドの研修で瞑想しているときでした。研修でとなりにいたスペイン人女性がそっとティッシュを渡してくれて初めて自分が泣いていることに気づくという状態でした。自分自身、ネガティブな感情に蓋をして、感情のダムが決壊寸前という限界のタイミングだったのだと思います。当時の私は、「会社が業績を上げるにはその社員を何とかしなきゃいけない。けれども、どうにもならない。辞めてもらうしか選択肢はない」という理屈で考えていました。

しかし、会社のためにという理屈は取ってつけた言い訳だと気づきました。要するに、「利益の出せないマネジメント層」というレッテルを貼られるのが怖かったわけです。つまり、私は自分の存在価値を守るため、パフォーマンスの良くない社員を犠牲にしていたのです。

2-3 「働く幸せにあふれる社員たちの笑顔＝自分の幸せ」だと悟った

ようやく私は、社員が幸せな笑顔で働いてくれて、同じ場所と時間を共有してくれることが、自分の幸せだと気づきました。このような考えに至ったのも、インドでの瞑想体験だけでなく、社員を大切にしている企業から学ばせていただいたおかげです。

社員を大切にしている会社の共通点は、社員のみなさまが笑顔で目が輝いていることです。そして、社員の方から「うちの会社と社長を褒めて欲しい」と言われます。以前の私は、一般的な階層ヒエラルキーに捕らわれて、社長が上だと何となく思っていたので、衝撃を受けたのを覚えています。社長と社員が人としての関係性が本当にフラットで、気さくに社長から話しかけ、社員も普通に社長に話しかけるのです。このような企業を見る度に、私もこういうフラットな会社にしたいと憧れました。

２０１９年当時、メディアで急成長企業を作った起業家が取り上げられ、実際に起業家の方たちとも交流があったので、このような起業家に憧れている自分もいました。しかし、社員が幸せそうに働く企業を知る度に、急成長企業よりもこのようなフラットな組織を作りたいと考えが変わっていったのです。

例えば、社員が幸せそうに働く会社では、社員の誕生日を祝ったり、花見やバーベキューをやっていました。また、ある製造業では、下請けの仕事で社員が長時間労働をせざるを得ない状況だったので、売上の大部分を占める下請けを断った会社もありました。

そして、私が衝撃を受けたのは、ある飲食業界の企業でした。店舗に加えて、配達や宅配の事業もしていたのですが、ある時、配達時に社員の方が事故に遭ってしまったのです。当時、宅配が会社の利益の8割を占めていたそうですが、その社長は事故が起こってからは宅配をきっぱりと辞めたのです。会社の利益だけを優先するなら、宅配事業を続けるのが正解でしょう。しかし、その社長は8割の利益を捨てる覚悟で、社員の安全のために、宅配を辞める決断をしたのです。当時の私は本当に驚きましたが、この企業は店舗事業に注力した結果、現在は大きな会社に成長されています。

やはり、社員の幸せを考えて大きな経営判断をした会社は、社員がファンになってくれます。そして、結果的には会社と社員が繁栄すると考えています。

2-4 心のなかに誰もが「情熱の炎」をたぎらせている

私は、入社当初からやる気がない人はいないと思っています。新入社員のみなさまは、「早くこの会社の力になれるように頑張りたい」とポジティブな気持ちで、入社している人が多いでしょう。

ではなぜ、新入社員の情熱の炎はいつの間にか消えてしまうのでしょうか？　これまでの経験上、早ければ入社1年目からモチベーションに差が出てくる印象があります。この原因を突き詰めて考えてみたところ、自分のやりたい仕事に取り組めるかどうかが重要な分岐点になっていると思うようになりました。自らやりたいと言った仕事をできている人は、やる気が持続する傾向が強いです。一方、自分のやりたくない仕事を淡々とこなしている人は、1年くらいで情熱の炎が見事に消えてしまいます。

例えば、オペレーション業務マニュアルの通りにできず、上司に怒られた社員は、モチベーションの落ち込むスピードが速いと感じています。オペレーションからずれることを許容できない理由は、リーダーの不安に起因しています。要するに、オペレーション通りに進めてもらわないと失敗すると考えているのです。リーダーとしては、「成功する方法に沿ってやってほしい」という気持ちがあり、そこからズレたら失敗すると考えています。詰まる所、自分が正しいと思うやり方を部下に強要しているわけですが、そもそもそれが正しいかどうかは誰にもわかりません。上司が言っている事が時代遅れや間違っていると考えて、徐々にやる気をなくす人もいます。

では、このような状態を防ぐには、どうやってマネジメントすればいいのでしょうか？やはり、会社やチームとして目指したいゴールを共有しておく必要があります。そして、

「ゴールに到達できるルート選びはあなた達に任せます」というスタンスでいると、社員の仕事への情熱がキープされます。すると、自発的に動く社員が増えてくる企業風土が作られていきます。

つまり、リーダーは、「オペレーションの一つの正解を提示しているけれども、もっといい方法があるかもしれない」という前提で伝えていく。そうすると、部下ももっといい方法を探すようになり、「新しい方法を思いついたのですが、どうでしょうか?」と相談してくれます。その結果、社員のやる気もキープされ、働き続けることができるのです。

このように、社員のアイデアを受容して、うまく加工して会社の求めるアウトプットに変えていけば、成果も出て、社員の情熱の炎がますます大きくなります。

2-5 ゴールまでの道のりは100人いたら100通りあっていい

チームとして一つのゴールを示す必要はありますが、ゴールにたどり着くためのルートは無数にあります。社員が100人いたら100通りのルートがあり、どれが正解でどれが間違いかは誰にも判断できません。

当社では、社員から意見が出たときに「いいね!」と言うことを意識しています。まずは、社員の意見を「いいアイデアだね」と肯定するのです。その上で、「でも、それを具体的に進めていくと考えると、この辺がリスクになるかもしれないね。リスクをちゃんと精査した方がいいよ」と伝えます。特にマネジメント層は、一旦いいアイデアを受け入れるということを意識的にやっています。これを導入してからは、社員が課題に対して自分で考え、「課題を乗り越えるにはどうしたらいいだろう」と前向きなワードが生まれるようになりました。

一方、多くの会社では、部下が出してきたアイデアに対して、いきなり否定から入る傾向があります。私も以前はやっていましたが、このような否定には弊害があります。一つの弊害は、リーダーに正解を求める社員が増えることです。理由も伝えず、ただ頭ごなしにアイデアを否定されたら、思考停止になり、自分の頭で考えなくなるのです。ことごとくダメ出しをする上司に対して、「ダメダメ言うのなら、上司は正解を知っているのだろう。それに従おう」と考えるわけです。

この方法も、ステレオタイプの商品を正確に大量生産すれば儲かった高度経済成長期には有効だったと思います。当時は、技術者が作った金型のように、正しい方法に合わせてみんなが作業すれば成果を出せました。しかし、現在は世の中の進歩が速く、時代の流れるスピードが従来とケタが違うので、従来の正解が不正解になることもあります。そう考えると、**実は若い社員が正解を持っている**かもしれません。実際、情報収集に関しては若い人の方が長けていると感じます。私は、時代の変化に対応できるアイデアは若い人と現場のメンバーが持っていると考えています。

さらに、当社では社員の人生をヒアリングして、できる限り応援するようにしています。採用面接のときにも、「**あなたがこの会社に入って成し得たい成果物は何ですか?**」という質問をします。「とにかく稼ぎたい」「自分が成長したい」「家族を守りたい」「社会貢献したい」など、人によって回答は様々ですが、各々の社員の夢を会社が支援するというスタンスでマネジメントしています。

入社後にも、「半年後にどうなっていたいか？」という目標設定をします。社員によっては、「こういうスキルを身に付けたい」「月1回は好きなアーティストのライブに行きたい」など、多種多様です。面談時に、「そのスキルを伸ばすには、どの業務をやる方がいいだろうか？」とか、「ライブに行きたいなら会社を休む必要があるよね。その分、仕事を前倒しする必要が出てくるよ。どうやったら前倒しできるかな？」という風に一緒に考えます。このように人生のヒアリングを仕組みとして導入した後は、会社の雰囲気がずいぶんと変わりました。例えば、「以前は自分の事しか考えられていなかったけど、最近は周りも見えるようになってきたよね」といった価値観の変化もフィードバック可能になりました。社員も自分で気づきを得られるため、次のステップも描きやすくなっていると感じています。

一方で、注意点としては、フィードバックを多めにすると、「自分が悪いと責められているように聞こえる」と感じる社員も一定数出てくることです。そのあたりは反応をみながら、チューニングする必要はあると感じています。

社員の人生も100人いたら100通りです。社員の人生の目標と会社の目標の折り合いをつけながらマネジメントすることが大切です。社員の幸せを会社でも応援できる仕組みがあると、社員が会社を好きになってくれると感じています。

2-6 「利益安定の会社」に共通するのは『受容文化』である！

受容文化ＣＯＡを取り入れた会社は、利益も継続的に出てきます。なぜなら、社員一人ひとりを受容することで、会社に多様性が生まれ、環境の変化に柔軟に対応できるようになるからです。

現在のような変化の激しい時代には、変化に強い組織が最終的には生き残ると考えています。逆に、リーダーだけが正解を持っていて、リーダーがいないと進まない会社は、生き残ることが難しくなっています。受容文化ＣＯＡが浸透している会社は、社員全員が考えて実行に移せてチャレンジできます。変化に対して素早く対応できる組織なので、会社の利益が出やすくなるのです。

そういう私も、２０１９年頃までは社員に細かく指示を出してしまう自分の文化の押し付け型の人間でした。インドから帰って来て、自分の過ちに気づき、提案してくれる社員への感謝が生まれたのです。帰国後は、提案してくれたアイデアに関して、「ちょっとやるだけやってみよう」という気持ちになり、まず実行に移すようになりました。その結果、私の中で限界を感じていた利益の壁をすっと超えたのです。自分のフルパワーを１００とすると、例えばパワー60の社員が２人いたら、合計１２０になり、私一人を簡単に超えるわけです。60の社員が10人いたら６００となり、組織の力が大きくなります。

私が受容文化の大切さに気づいたのは、利益追求型のマネジメントを続けながらもジレンマを抱えていたからです。利益は会社の血液で、もちろん大切ですが、活動を持続するための手段でしかありません。本当に大切なものは別のところにあると考えています。知り合いの経営者は、「利益なくして存在なし、ビジョンなくして存在価値なし」と言っており、私の大好きな言葉です。やはり、社員に会社のファンになってもらうためには、ビジョンやパーパスが大切だと感じています。

逆に、これからは利潤追求のみで経営する会社は存在が危うくなるでしょう。最近は、D

Xで効率的に利益を出す会社も増えています。たしかに、DXで集客や顧客対応も可能であり、サブスクリプションで自動的に販売もできます。しかし、何のための事業だったかを見失ってしまった企業も出て来ているようです。また、同じ企業内でも、パーパスにこだわる事業部と利潤追求にこだわる事業部の分断が起こっています。効率を求め過ぎることは、利益を求め過ぎる事と同じ意味であり、弊害が出始めています。

社員がファンになる会社は、パーパスと利益をバランスよく両立できる組織です。そして、結果として、安定的に利益を生み出せる持続可能な組織に成長すると考えています。

2-7 互いを丸ごと認め合う〝新時代の企業文化〟

多様性が世界的なトレンドになっていますが、新しい時代の企業は、何らかの形で受容文化COAを取り入れる事になると確信しています。

なぜなら、これだけ変化の激しい時代には、どの方法が正解なのかは本当にわからないからです。そして、社員一人ひとりのアイデアを一旦受け入れて、企業のアイデアとして挑戦できるポジティブな姿勢が会社を守ることになると考えています。

しかし、マネジメント層も含めた各々のメンバーが自分の成功体験・失敗体験に固執して、自分の中の物差しにしている事が多いと感じています。実際には、どのやり方でも成功する可能性は十分にあり、相手の考えを一旦受け入れることが大事だと思います。個性の違う人同士が議論した結果、クリエイティブな成果が生まれてくるからです。

会社でも、様々な文化を持った人が同じ職場で働くことが主流になり始めています。企業は事業体である以上、共通の成果目標は必ずあります。私は、この成果目標に対して、最初から手を抜こうと考えている人はいないと考えています。しかし、色々と行動しても期待通りの結果が出ないと手を抜く人が出てくるのも事実です。

当社では、目標達成度が60%でも、たとえ10%であっても承認します。昭和の時代には、上司が部下に対して「何で60%しか達成していないんだ。ちゃんと100%までやれよ！」という体育会系のマネジメントもありました。しかし、令和の時代にはこの方法は通用しないと強く感じています。今の時代は、「60%まで目標達成したね。じゃあ、あと40%増やすにはどうすればいいかな?」と承認して、寄り添いスタンスで話し合うことが大切です。できる限り「こうしなさい」という言葉は使わない方がいいでしょう。

新時代の会社は、オペレーションで収益を上げることには限界が来ています。やはり、人で収益を上げないと厳しくなっていると感じています。つまり、社員の人間力や斬新なアイデアなど、一人ひとりの個性を集めた組織が生き残るのです。

ここ2、3年で感じているのは、昭和型のトップマネジメントは、CPUの高い1台のパソコンのようなものです。一方で、令和型の社員みんなが自発的に考えて動ける組織は、沢山のパソコンが組み合わさったクラウドと一緒です。1台のハイスペックのパソコンが頑張る組織よりも、クラウド的に多くのCPUがブレーンとして活躍する組織の方が、変化の激しい時代には強いはずです。

2-8
「受容文化」の浸透で社員は「会社のファン」になる

本章では、受容文化COAについて様々な角度からお伝えしてきました。ここでは、受容文化を社内に浸透させるメリットをまとめていきます。

メリット① 社員が会社のファンになり、離職率が下がる

受容文化が浸透すると、役職の上下に関係なくアイデアが出るようになります。例えば、弊社の場合だと、社長の私が「こういうアイデアがあるんだけど、どうかな?」と提案しても、社員から反対意見とその理由を伝えてくれます。その結果、若手でも自分の意見が事業に反映されるため、やりがいを感じて働いてくれるのです。そして、人生で自分のやりたいことを会社の事業を通して実現できると、会社のことを好きになる人が増え、自ずと離職率も下がってきます。

メリット②アイデアの網羅性と精度が高くなる

さらに、お互いを受容できると、社員が自分たちの事業アイデアを表現してくれるようになります。社員全員から自由にアイデアが出る雰囲気だと、会社としてあらゆる選択肢を検討できます。事業について様々な角度から議論できるため、アイデアの網羅性が高くなります。アイデアの数が増えた結果、その中から厳選した事業アイデアを実行に移せます。その結果、アイデアの質と精度が高くなり、事業として成功する確率が高くなるのです。

メリット③パーパスに共感した優秀な人財が集まる

会社のパーパスを全員が共有し、お互いに受容しながら同じ目標に向かえると、社内がポジティブな雰囲気に変わります。そして、自分たちの個性を発揮できる環境になりつつも、共通の価値観を持った人たちが集まってきます。情報発信や口コミを通じて社外にも会社のパーパスがしっかりと伝わるため、パーパスに共感した新入社員や中途社員が「御社の理念に共感したので、一緒に働きたいです」と面接を受けに来てくれるのです。その結果、同じパーパスに共感してくれる、情熱を持った優秀なスキルを持った人財が集まってきます。自分たちのやり方を受容してくれる文化が定着すると、社員と会社の一体感が出てきます。

メリット④社員が新しい社員をリクルートしてくれる

受容文化が浸透した会社では、幸せで楽しく働いている社員が、自分の知り合いをリクルートしてくれます。「本当に自分のやりたい事ができる会社だから、一緒に働かない？」と心から思ってくれているので、友人や知り合いに声をかけてくれるのです。その友人や知り合いも楽しそうに働く社員を見て、会社に応募してくれるのです。

受容文化ＣＯＡが社内に浸透すると様々なメリットがあり、社内の雰囲気や業績もガラリと変わります。もちろん、お互いに認め合う文化をつくるには仕組みや時間もかかりますが、本当に多くのメリットがあります。ぜひ、みなさまの会社でもできるところから取り組んでみましょう。

3

なぜ就労時間が減ったのに「売上1.3倍」になったのか？

3-1 気づいたら社員のエンゲージメントが高まっていた

トップが態度を変えるだけで、社員のエンゲージメントは高くなります。なぜなら、エンゲージメントは、上司や部下などのお互いの人間関係で大きく左右されるからです。1日の大半を過ごす職場の人間関係は、就労幸福度とエンゲージメントに大きく影響します。

では、実際に社員のエンゲージメントをどのように高めていけばいいのでしょうか？

悩ましく思える問題ですが、私自身が社員との関わり方を変えたことで、社員のエンゲージメントが変化した事例を紹介しましょう。エンゲージメントの変化には様々な要因が考えられますが、私自身が社員の話をしっかりと聞けるようになった事が一番大きいと分析しています。

以前の私は、社員に話しかけられた時、反射的に「それはわかっているから」とか「本当にその方法でできる？　できるならいいけど」と発言し、少し突き放したような印象を与える対応をしていました。わかりやすく言えば、「近づくなオーラ」を発して社員からの相談を受け容れないような雰囲気をまとっていました。後から社員に聞くと、「近づくなオーラ」を出していることで、「ネガティブな報告をしたら怒られる」と萎縮していたようです。まさに、私のような態度が、上司と部下の関係のヒエラルキーを無意識に感じさせてしまう一因になります。「言いたいことが言えない」「相談したくてもできない」と不満を募らせた結果、社員のエンゲージメントが下がってしまうのです。

この事実に気づいてから、私は社員への対応を改善するよう心掛けて行動するようにしました。例えば、イラッとするようなことがあっても、「今、イラッとしたな」と自己認識をするようにしました。自己認識をするだけで、一呼吸を置けるので冷静になり、反射的な行動がなくなります。その結果、心にも余裕が生まれ、落ち着いて社員の声に耳を傾けられるのです。「平栗さん、変わりましたね」と何人かのメンバーから声をかけられ、社員との距離が近くなり、会社に対するエンゲージメントが高くなったと感じています。いつでも話しかけやすい雰囲気を出せてから、社員からも積極的に相談され、普通に話しかけられるようになりました。

このように、社内の人間関係を改善するだけで社員のエンゲージメントを高めることができます。実は、上司の一つ一つの態度で、社員のエンゲージメントや就労幸福度が大きく左右されるのです。

3-2 定時で帰る社員続出なのに売上が1.3倍になった企業の秘密

社員全員が定時で帰っても売上を大きく伸ばせる方法は存在します。なぜなら、社員の就労幸福度を高めることで会社の生産性はいくらでも上げることができるからです。

当社では社員はエンゲージメントが上がり、売上1.3倍になりました。通常は、売上を伸ばすための様々な打ち手を考え、仕込みをする分だけ残業が増えがちですが、実際には、定時で帰る社員が増えて売上が伸びたのです。

私自身が「近づくなオーラ」を消したことで、社員との相談や対話の回数が増えたとお伝えしましたが、相談内容の質も明らかに変わっていきました。これは、心理的安全性が保たれたことから、困った時の相談だけでなく、前向きな相談やディスカッションも増えたことが要因です。そして、社員がありのままの思いを表現してくれるようになったのです。社員自身が自分の人生の目的を果たすために「こんなことをやってみたいです」「このやり方はどうですか?」と、前向きなアイデアが積極的に出てくるようになりました。自分一人では思いつかないような斬新なアイデアも増え、売上を伸ばすための建設的な議論が活発になったのです。そして、議論した内容がすぐに行動へと変わり、これまで乗り越えられなかった売上の壁を難なく乗り越えることができました。

また、社内で余計な作業も減りました。実は、「近づくなオーラ」が社員に余計な作業をもたらしていたのです。以前は、上司を説得するためだけに、わざわざスライド資料を作成する習慣があったのですが、この習慣がまったくなくなりました。社員たちは、上司に気軽に話せないので、きっちりとした資料を作って説明しないと失礼だと思い込んでいた訳です。これだけでも、当社では、1人あたりの労働時間を1ヶ月あたり20時間削減することに成功しています。

その結果、勤務時間の9時半から18時半までの間で生産性のない仕事はなくなり、あらゆる相談や意見は、思いついた時点で迅速にとり交わしていける環境が出来上がり、売上を1.3

倍へと押し上げました。さらに、残業もなく定時で帰れることで、社員のプライベートの時間も増えました。仕事へのモチベーションが高くなることに加え、働きやすい環境が整ったため、会社への愛着にも繋がっているようです。

トップにいる人間が社員を受容することで、社内のコミュニケーションが円滑になり、会社の生産性が向上するのです。私は、社員の就労幸福度と高い生産性は両立できると考えています。特に、会社の経営層が社員に対して受容的な姿勢で接することは、社員が萎縮することなく自由にアイデアを出せるなど、自発的な行動を促すでしょう。

3-3 「ウェルビーイング・カンパニー・メソッド6原則」とは？

私は、社員が幸せに働きながらも収益を出せる会社を「ウェルビーイング・カンパニー」と定義しています。ここでは、「ウェルビーイング・カンパニー」になるためのメソッドについて、私の経験をもとに6つの原則にまとめましたので紹介いたします。

原則1　社内に「受容文化COA」を作る
原則2　リーダー・管理職が「自分の感情」を自覚する
原則3　目標は「数字」だけではなく「情景」も共有する
原則4　「ポジティブ・フィードバック文化」を作る
原則5　会社と社員がつながる「居場所」を作る
原則6　「パーパス（＝存在意義）」と合致する人財を採用する

その前に、この6原則を実現しやすくなる7つのマインドシフトについてお話ししましょう。

その1　お互いを尊重する

社員、マネジメント層、経営層といった立場に関係なく、一人の人間としてお互いの存在を認め合い、信頼し合うことが大切です。信頼とは、見返りを求めずに人として全面的に信じることです。例えば、日本国内には企業が約400万社あると言われています。膨大な数の企業がある中で、社員が当社を選び、いま一緒に活動できている事実は、まさに400万分の1の奇跡だと思うのです。私の場合は、そのように考える度に、社員に対して感謝、信頼、尊重という気持ちがあふれてきます。私の気持ちが社員に伝わり、さらに深い信頼関係が生まれます。

その2　お互いを支援し合う

人にはそれぞれ得意分野と不得意分野があります。支援し合うとは、「自分の得意なことで、相手の苦手なことを助けること」と捉えるとわかりやすいです。特に「この仕事が苦手だから支援してほしい」と明確に表現できることや、表現できる環境になっていることが大切です。社員、マネジメント層、経営層といった階層間でも双方向で支援し合うことで、経営課題に対してクリエイティブなアイデアが出てきます。上下関係なくお互いの得意分野で支援し合おうという意識が、会社が持つ弱点を補完し、強い組織を作っていきます。

その3　勇気づける

行動に踏み出せないでいる社員には、「まずやってみよう」と声をかけて、背中をそっと押してあげることが大切です。実際には、経営層からマネジメント層、マネジメント層から社員、というトップダウンが起こりやすい流れかと思いますが、逆に社員からマネジメント層、経営層を勇気づける流れが起こることが理想です。実際に、私自身も、マネジメント層や社員が自分の知恵を結集させて、事業を動かし躍動していると感じると、ものすごく勇気づけられます。「社長、大丈夫ですよ」と逆に社員から励ましてもらい、「当社のサービスは御社にピッタリです！」とクライアントに向けて自信を持って語れたこともありました。

その4　ありのままに表現する

言いたいことを遠慮なく言える環境は大切です。思ったことを意見として言い合えることはもちろん大切ですが、「苦手なものは苦手だ」とネガティブな感情もきちんと表現できることが大事です。特に役職がつくと、様々なしがらみもあり、さらに言いづらくなっていきます。それだけに、ありのままに思ったことを表現できる環境を意識して整えることが必要です。この環境が整っていないと、原則2の「お互いを支援し合う」というところにつながっていきません。支援し合うことで体制を強化することも、すべてはありのままに表現することから始まるのです。

その5　目標に対して全力で取り組む

たとえ達成しなくても、目標に対して全力で取り組むというプロフェッショナルな意識が大切です。当社でも、最初に立てた目標が達成できそうになかったことから、いつの間にか別の事業に取り組み、目標がシフトしてしまったことがありました。結果的に黒字だったので、まだ良かったのですが、目標に対して取り組んでいない会社に見切りをつけて退社した社員も出てしまいました。

その6　成長が感じられること

仕事を通じて自分の成長を感じ、自己認識を持てるかどうかも大切です。会社の事業は成長していくことが前提です。当然、そこには個人の成長も伴います。今の自分ができることとこれから目指す姿とのギャップを把握して取り組み、1年後に振り返ってみて、「ここまでできた」と自分の成長を感じられると、さらに社員のやる気も促されます。

その7　存在意義が一致している

会社がその真価を発揮するためには存在意義が重要です。同じように、会社を支えている社員も、会社に対して存在意義が見出せないと、モチベーションが発揮されません。「自分の代わりは誰でもいる」と思わせてしまう環境で、果たして社員の就労幸福度やエンゲージメントは上がるでしょうか？ このような観点から、個人としての存在意義と、会社としての存在意義が一致することはとても重要です。

以上、ウェルビーイングな会社になるための7つのマインドシフトを簡単に説明しました。受容文化を築く上で、ぜひこの7つを参考にしてください。

3-4

原則1 社内に「COA（＝受容文化）」を構築する

自社で「ウェルビーイング・カンパニー・メソッド」を確立するためには、COA（＝受容文化）の構築が必要です。

しかし、COAのことを理解し、社員に直接「COAが大事だ」と言ったとしても、そのままでは浸透しません。経営者層、マネジメント層、社員といったそれぞれの層が、お互いの層を受容する土壌がなければ根付かないからです。

では、会社の中にCOAをどのようにして構築・浸透させていけば良いのでしょうか？

具体的な方法について考えていきましょう。

まず、各階層の組織にCOA文化を構築し、浸透させるには、横方向だけでなく縦方向でも関わり合わなければなりません。

縦方向でいうならマネジメント層が社員を受け容れる土壌が必要であり、経営者層がマネジメント層を受け容れる土壌が必要となります。

ＣＯＡ文化の縦軸と横軸

経営層
↕
マネジメント層　⇔　マネジメント層
↕
社員　⇔社員

特に、経営者層がマネジメント層を受容する土壌を作るために、最も大切なことがあります。それは、経営者が、自分自身を受け容れることです。私自身の経験からもわかるのですが、自分を受容した経営者から下部層へと伝播しないと、会社内のＣＯＡは絶対に根付いていきません。

経営者の中には、苦手なところ、弱点があることを認められない人がいます。「経営者たるものは、常に精神的に誰よりも強く優れていなくてはならない」と思っているのでしょう。その結果、自分の力が足りないことを弱みに感じ、部下や取引先には見せてはいけないと思いがちです。

自分自身を受け入れるということは、自分の弱みを客観的に理解することです。そして、「苦手なことを隠しているな」と自分で思うことや、「会社の目標が自分の力だけでは達成できない」と限界を感じることなど、すべてを受け容れることが何よりも重要です。

経営者自身が、こうやって自分自身の弱みも含めて受容することで、その下のマネジメント層や社員にも自分自身を受容する文化が伝播し、ＣＯＡの基盤が構築されていくのです。

やはり、自分自身の弱みを認めない姿勢では、どこかで無理が生じます。例えば、自分の弱さを周りの人に突かれて出てくるのが、怒りや悲しみといった感情です。経営者として描く自分の理想と現実のギャップを隠そうとすると、こういった負の感情が表面に出てきます。

考えてみてほしいのですが、マネジメント層や社員が、このような経営者の感情に接したら何が起こるでしょうか？　もちろん、立場的に萎縮してしまうでしょう。経営者のネガティブな感情が表面に出ているうちは、いくら言葉でＣＯＡを唱えても間違いなく社内には浸透しません。

このように、社内にＣＯＡをしっかりと構築して浸透させるためには、まず経営者が自分自身のすべてを受容することが何よりも重要なのです。

3-5 原則2 リーダー・管理職が「自分の感情」を自覚する

経営者や管理職の立場にある人間が、自分自身を受容するためにどのように行動すれば良いのでしょうか？　その具体的な方法について掘り下げてお伝えしたいと思います。

自分自身を受容するためには、まず「自分の感情」を知ることから始める必要があります。なぜなら、感情によって本当の原因が隠れることが往々にしてあるからです。本来潜んでいる真因に気がつかず、表層的なところで対応しても、望む結果がなかなか得られないということが起こります。

一番取り組みやすい方法は、社内の業務の中でイライラしたこと、怒りを覚えたことを、まず紙に書き出してみることです。自分が何に対して感情的になったのか、すべてを書き出してみてください。

次に、このリストアップしたメモを見ながら、イライラした原因について、自分で思いつく範囲のことを同様にすべて書き出してみてください。

例えば、「収益が上がっていないからダメだ」と思ってついイラついたり、悩んだりしたケースについて考えてみましょう。

この場合、「ただ単に、収益が上がっていないことにイラついているのか？」あるいは、「自分が望む期待値と比較して収益が上がっていないことにイラついているのか？」といったように、自問自答しながら何に対してイラついているのかの原因をまず見極めます。

次に、「自分は何を恐れているのか？」という視点で探っていきます。そうすると、「収益を上げていないと会社での評価が下がる」「自分の報酬が上がらない」といったような感情や本心が見えてきます。つまり、自分が抱いている固定観念や妙な正義感が浮き彫りになるのです。

「評価され続けないといけない」

「評価されないと自分の存在価値がないと思われてしまう」

こうした価値観から生じる恐れから逃れるため、「収益を上げなければならない」という、いわば強迫観念にとらわれることになります。

一方で、こうした価値観は、「失敗する可能性の高い選択はできない」という思考にもつながります。これでは、思い切った行動もできないのも無理はありません。

このように、自分の感情に対して視点を変えながら掘り下げ、本当の気持ちを洗い出し、一つずつ受け容れていくことで、行動を阻害している隠れた原因があらわになっていきます。

自分の感情を自覚するための3STEPを以下にまとめます。

STEP1 **イライラしたこと、怒りを覚えたことを書き出す**

STEP2 **イライラした原因をさらに掘り下げて書き出す**

STEP3 **自分に対する利益と不利益を書き出す**

この3STEPで、自分自身が固執している価値観を洗い出し、どのような執着から自分の感情が芽生え、行動しているのか、その自分の感情と向き合って自覚してみましょう。そうすることで本当の原因が見つかり、一瞬で課題解決できることもあります。

3-6

原則3　目標は「数字」だけではなく「情景」も共有する

会社の目標を伝える場合、「数字」だけで語るのではなく、目指す「情景」も語り共有することで、社員の意識は大きく変わります。

当社でも以前は、予算や目標の数字を決め、この目標を達成するための顧客獲得件数といった数字だけを伝えていました。このように目標数値だけを伝えると、「なぜその数字を達成しなくてはならないのか？」といった明確な理由が伝わらないため、いつの間にか社内は数字だけに追われるようになります。やがて、「数字を達成していないのは自分のせいだ……」「今月も達成できなかった。自分には無理かもしれない……」と誰もが苦しくなっていったのです。

そこで、目標を「情景」で語るようにしたら、重たい雰囲気が徐々に変わっていきました。なぜなら、「情景」という目に見える映像で目標を示すことで、達成時の姿が具体的にイメージでき、共有しやすくなるからです。例えば、「当社のサービスのファンとなった企業がユーザー企業となり、そのユーザーコミュニティと共にサービスを育てる」このように伝えると、ぐっとイメージが湧きやすくなります。

そして、会社の目標を「数字」から「情景」に置き換えたとき、社員のモチベーションが高まり、多くの社員が自発的に行動してくれるようになりました。その具体的事例をご紹介しましょう。

WEB社内報アプリ『SOLANOWA』のバージョン2を出した頃、これを展開するのに大変苦労していました。自分たちが思い描いた通りに進まず、会社を退職する人も増え、かなり会社も苦しい状態が続いたのです。しかし、私としては、「何とかこれを継続させたい。事業として確立させたい」と思い、2023年下期のキックオフミーティングで、社員全員に次のようなメッセージを述べました。

「これまでにない嵐の中のような苦しい状況を乗り越えてくれたことに本当に感謝します。苦しい状況だけれども、ぜひこれを事業として成り立つところまで目指したい。また、半年後に何をしていたら事業として成り立っているのか、みんなが理解して各々のメンバーが事業家として力強く歩めている状態を目指したい」

このメッセージを発した後、「事業として成立させるためには、何が必要でしょうか？」というポジティブな質問がものすごく増えました。

さらに、自分たちの仕事に直接関わりがないことに対しても、関心が向くように変化しています。営業部門が財務の仕事についてしっかり知ろうとするなど、社員に自発的な動きが見受けられるようになったのです。さらに、24歳の開発部の新入社員から「会社の向かおうとしているゴールが風景として理解できたので、感情的にとてもスッキリしました」という声も上がっていました。

このように、経営者が会社全体の理想の情景を語ることで、社員がその理想を感情的に理解できるため、社内に共感が生まれてきます。そして、社員一人ひとりが自分の部署でも、あるべき未来のビジョンを描き、共有できるようになるのです。

3-7

原則4「ポジティブ承認文化」が生産性を上げる

社内で掲げた目標が計画通りに進まないと、失敗の原因に目が向くため、どう対処するかという議論に行きがちです。しかし、このような場合の議論は、不足している部分をただ強調させ、各部署の揚げ足をとるような議論に発展することがあります。つまり、目標を達成するための建設的な議論から遠ざかるのです。

物事はネガティブな面があれば、必ずポジティブな面があります。ポジティブな面に目を向けていくことで、会社の生産性を上げることが可能です。なぜなら、人はネガティブな面を指摘されるよりも、ポジティブな面を承認される方がモチベーションも上がり、行動意識につながるからです。

実際に、当社でも同じようなことが起こりました。当時、WEB社内報アプリのSOLANOWA事業の顧客獲得スピードは、当初の計画よりもかなり遅れていました。日々の目標数値がなかなか達成できず、「製品が悪いのではないか?」「営業のスキルが足りないのではないか？」といったネガティブな議論に波及したのです。

しかし、ネガティブな雰囲気が出始めた時に、経営層と相談し、承認を意識するように切り替えました。

つまり、

「目標は遅れているけれど、知名度の高い大企業を中心に、50万人まで利用者が増え、クライアント企業も100社を超えている」

「大手企業が認めて契約するぐらいだから製品としてはおかしいことはない。その点は、しっかりと自信を持っていこう」

というポジティブなメッセージを伝えていったのです。

また、『SOLANOWA』のバージョン1のときは、個々のお客様向けに個別の環境を提供していました。社内ではメンテナンス工数がかかるという指摘もありましたが、現在ではむしろ個人情報などに秘匿性が保たれる特徴を生み出すという評価になっています。つまり、目標が達成しないというネガティブなことがあっても、一方で、結果を満たしていることや製品の特長などポジティブに評価できるポイントが必ず存在しています。意識的にポジティブなポイントを承認していくことで、会社の雰囲気が大きく変わります。

当社では、マネジメント層を中心に「前向きな意図を持ってフィードバックし合う」「できていないことを否定しない」というポジティブな承認をルール化しています。

このように、ネガティブな面だけにとらわれず、ポジティブな面をマネジメント層が見極めて承認する文化が、社員の自発的行動に結びつき、会社全体の生産性向上につながるのです。

3-8

原則5　会社と社員がつながる「居場所」を作る

会社と社員の絆を育む「居場所」を作ることで、社員は会社での存在意義を感じ、会社に対する愛着も生まれます。「居場所」をきっかけに、部署の垣根を越えて社員同士がつながり、仕事に対する意識の範囲が大きく広がるためです。

その「居場所」作りのきっかけの一つに、『ＳＯＬＡＮＯＷＡ』などのＷＥＢ社内報があります。実は、当社の社内報アプリ事業は、コロナによるリモートワークが始まる前からすでに立ち上がっていました。クライアントの大企業では、拠点ごとに醸成された風土ができあがると、なかなか会社として一つにまとめるのが難しいという課題がありました。実は、この課題を解決するために打ち出したのがＷＥＢ社内報なのです。

どんなに小さな拠点であっても、会社が目指そうとしている世界観の共有は必要です。会社側としては、各拠点が持つ思いや取り組みを理解して全社に反映する必要があります。ＷＥＢ社内報は、まさにそうしたニーズと合致し、２０２３年8月時点では２００社に導入され、80万人もの方にご利用いただいています。

ＷＥＢ社内報の運営は、大半の企業が経営企画部、広報部、人事部といった部門が中心ですが、中には社内から希望者を募って社内報の編集チームを作っている企業も増えています。どちらかというと、こうした積極的な企業の方が上手く社内報を活用している印象があります。まったく違う部署の社員が参加することで、企画の活性化とコンテンツの充実が起こり、読者が増え、他部門間や社員同士のコミュニケーションが円滑になるケースが数多く見られます。

当社でも、社内報のコンテンツを充実させたら、社内コミュニケーションが良くなった事例があります。社内報でアイデア出しやイベントを募集したところ、「部活をやろう」というアイデアが持ち上がったのです。そこで実際に募集をかけてみたら、なんと30近くもの応募があり、部活というよりサークルのようなコミュニティが立ち上がったのです。私は、「みんなは、これほどまでに色々なことに興味を持っているのか！」と驚きました。

例えば、面白いものでは、「ジョジョ部」という漫画『ジョジョの奇妙な冒険』が大好きな人たちが集まる部活がありました。そのほかにも会社近くの美味しい飲食店を紹介する部活や、サウナ好きが集まる部活といったように、実に様々な部活が立ち上がっています。

こうしたコミュニティの存在は、会社にいながら社員がワクワクできるなど、非常にいい影響をもたらしています。さらに、同じ趣味嗜好を持った人同士が集まることで、お互いの仕事に関しても、興味を持つようになります。個人の趣味嗜好をきっかけに、仕事に対する興味関心の範囲が広がっている様子が、社員の声から伝わってきます。このほかにも、自分が所属する部署以外のことも知るきっかけになり、業務上のコミュニケーションが滞ることなく流れるというポジティブな効果もありました。

また、他部署のメンバーを知ることで、今いる部署で自分の力が発揮できないと感じたら、部署異動の希望を出して自分に合っている居場所を探すこともできます。まさに、部署を跨いでのコミュニティが社員の離職防止にもつながるのです。

このように、オンライン上でのＷＥＢ社内報をきっかけに、オンライン・オフライン問わず様々な形で会社と社員をつなぐ「居場所」が生み出されることで、社員は会社に対して存在意義と愛着を感じ、持っている能力を十分に発揮するようになります。

ちなみに、ＷＥＢ社内報は、基本的に担当者２人が１ヶ月従事する「２人月」のリソースで導入でき、そこから編集スキルなど数ヶ月の研修を経ることで立ち上げることができます。編集チーム編成が人数的に厳しければ、当社も編集の受託サービスがあります。

3-9 パーパス（＝存在意義）を社員全員で共有する

パーパスとは、**「なぜ企業が存在するのか？」「どういう風に存在し続けるのか？」を言語化したもの**です。そして、パーパスのない企業や、パーパスがあるけれども周囲に伝わっていない企業は、持続するのが難しい傾向があります。

対外的にしっかりとパーパスを伝えられていない企業は、そもそも自社の中にもパーパスが浸透していないかもしれません。さらに、パーパスが社内外に浸透していない企業は、利益だけを求める体質になりがちです。

お金だけがパーパスになることも、よく起こります。ここで注意したいことは、お金はあくまでも持続的に企業活動をするための一つの手段に過ぎません。企業として向かうべきパーパスが明確に存在しないと、「儲かるなら何をしてもいい」「儲からないことはやらない」と、自分本位で利己的な人たちの集団になる可能性があります。

あまりにも成果至上主義に走った結果、自動車保険の保険金を不正に請求したり、除草剤を撒いて街路樹を枯らしたりした中古車販売・買取の会社があったことは記憶に新しいかと思います。当初は、車を中心とした顧客体験や世界観を目指していたのかもしれません。この企業は利益だけを優先して進んだ結果、顧客やビジネスパートナーを傷つけ、社会的信用を失うことになりました。

とは言え、パーパスを綺麗ごとだと感じる人もいるかと思います。そして、パーパスがあっても、腹の底から納得できるものでなければ伝わりません。

私が考えるパーパスを伝える時のポイントは3つあります。

1つ目は、本心から出たものであることです。素直に表現せずに耳障りのいい言葉だけに置き換えていると、本心では思っていない絵空事のパーパスとなり、社員からも「綺麗ごとだ」と思われて浸透しないのです。

2つ目は、短くシンプルであることです。長い言葉は覚えづらく忘れてしまいます。仮にパーパスへの想いは長くなったとしても、パーパスそのものは覚えやすいシンプルな言葉にまとめることが大事です。

3つ目は、パーパスへの接触機会を増やすことです。私は絶えず、社員たちや取引先、クライアントに対して「**〝はたらき〟から、笑顔を**」という自社のパーパス（当社ではVisionと表現しています）を発信しています。

さらに、コミュニケーションデザインチームからの提案で、社員に自社のパーパスに対するイメージを白紙のコースターに絵を描いてもらったこともあります。絵を描くことで具体的なイメージを浮かべてもらうのは、パーパスを浸透させるのに有効な手段です。また、パーパスに対するイメージが本質からズレていた場合、すり合わせできるメリットもあります。

パーパスは、例えるならば方位の指針となる北極星のようなものです。パーパスが浸透していなければ、社員全員が同じ方向を向くことができません。企業としての方向性を失い、最悪の場合は存在意義をなくします。常にパーパスを意識する仕組みを作ることで、社内でパーパスに関する会話も生まれ、パーパスが浸透して社会貢献し続けられる持続可能な企業となるのです。

3-10
原則6 パーパス（＝存在意義）と合致する人財を採用する

会社のパーパスに一致した人財を採用すると、事業に対する生産的かつ建設的な意見が増えるようになります。これは、事業の成長に向けたアクションが、本当に自分がやりたいことと重なるため、社員は働きながら存在意義を感じられるからです。

まず大事なのは、会社自身が存在意義とビジョンを明確にしておくことです。当社の場合、今でこそ「〝はたらき〟から、笑顔を」というパーパスがありますが、かつては明確なパーパスもなく、利益目的で人財採用していた時期がありました。

社員から「人が足りません」と声が上がったら人財を採用していたのですが、当時の採用方法は、人を見ずにスキルの高さだけを見ることに終始していました。今振り返ると、進めているプロジェクトに役立つスキルを持っているかいないかだけの判断だったと反省しています。結果として多くの人を傷つけ、採用しても辞めてしまう人が後を絶ちませんでした。

しかし、「〝はたらき〟から、笑顔を」というパーパスを掲げたからといって、パーパスに共感する人を見抜くことも非常に難しいと言えるでしょう。

そこで、最近は面接で、「当社のパーパスになぜ共感したのですか？」ということを尋ねるようにしています。このような質問をすると、人によっては自身の体験に基づいて素直に話してくれます。

例えば、過去に、仕事に恨みを持つ経験をしたことがある人がいました。その方は、自身の経験から、本当に楽しく働けることがいかに幸せであることを実感し、世の中の働き方を真剣に変えていきたいという想いを抱いていました。この方のように、自分自身の体験から、「働き方を変えたい」と本気で思っていることが伝わると、当社のパーパスに合致しているという判断ができます。

当社の「〝はたらき〟から、笑顔を」というパーパスも「働き方を変えたい」という理念から生まれているので、その人がやりたいことと一致しています。その結果、自然な形で事業と個人が成長していく方向に進めるのです。

真剣に考えている人が紡ぎ出したアイデアは、本当にその事業にとって本質的で生産性に関わるものが多くあります。さらに、「言われていなかったのでやりませんでした」という指示待ちが起こることもありません。会社のパーパスに合っている社員は、常に自発的に何かをしようと動いているからです。

人財採用にあたっては、「なぜ会社のパーパスに共感したのですか？」という質問で、相手が心の内に秘めている本音を引き出してみてください。その人の軸である人生のパーパスと会社のパーパスが一致していたら、たとえ人財育成の仕組みが整っていなくても、社内で活躍する人財へと成長する可能性が高いでしょう。

4

社員が会社のファンになれば組織は勝手に回り出す

4-1 社員が「会社のファン」になれば、100年企業も目指せる！

会社のファンになる社員が増えるメリットは、自動的に組織が回る状態になることです。単に業務をこなす状態から一歩進み、自分の想いを込めて仕事してくれるようになります。つまり、会社の目指す世界観やパーパスが浸透し、プロジェクトや経営の舵取りを任せられる、視点の高い社員が増えていきます。人財の入れ替わりにも柔軟に対応できる強い組織に変化し、いわゆる「100年企業」を目指すことも可能になるのです。

さて、会社が存続する上で一番大切なことは何でしょうか？　それは、**持続可能な環境を作ること**です。当然、時代背景に合わせて事業内容も柔軟に変化させる必要があります。私は、パーパスも一度作ったら終わりではなく、常に最高のパーパスを求め続けるべきだと考えています。なぜなら、会社の在り方は、経営者や社員たちの新しい想いが加わると、少しずつ変わるからです。そして、パーパスを継続的に進化させるためには、「会社が好きだからもっとこういう仕事をしたい。こんな変化を起こしたい」という強い想いを社員一人ひとりに持ってもらうことが欠かせません。

これは、私自身の体験からも強く実感しています。私が会社の代表権を継承する前に強く感じていたのは、「創業者以上にこの会社が好きだ！」という想いでした。もちろん、創業者と自分を比べて、当時どちらのほうが経験・スキルがあったかといえば、間違いなく創業者でしょう。それでも、「この会社が好きだからもっと良くしたい」という気持ちだけは、誰にも負けないつもりでした。

当時、創業者は経営グループ全体の指針として他の事業に注力することに決めました。そこで、スカイアークの代表取締役として私が選ばれたのです。創業者も会社に懸ける私の想いを感じ取って、後を任せてくれたのだと思っています。つまり、私がスカイアークという会社のファンになったことで、後継者が決まり会社が存続したと言えるでしょう。

このように、自分以上の会社のファンを作ることがリーダーの仕事だと思っています。「この会社が好きだから、より良くしていきたい」「関わってくれる人たちに、こういう体験をしてほしい」という熱量が、会社を良い方向へ導いてくれるのです。

熱い想いさえあれば、経験やスキルは後からいくらでも補えると考えています。また、周りの力を借りれば特に問題はありません。大事なのは会社を良くするためのアイデアが無限に湧いてくることであり、その源泉こそが想いなのです。

「この会社が好きだ」という想いは、社長から社員へ受け継がれていきます。つまり、社員が会社のファンになる仕組みがあれば、持続可能な会社を作れるのです。本章では、その具体的な方法や仕組みについて詳しくご紹介していきます。

4-2 「自走型社員」を作ろうとするな。生まれる環境を作ろう

自分で考えて動いてくれる「自走型社員」を増やそうと努力されている会社も多いと思います。しかし、私の経験やクライアント企業の実例から、〝作ろう〟とすると上手くいかない傾向があります。失敗の原因は、社員が会社からの押し付けだと感じ、反感を買ってしまうからです。では、成功している会社はどのような施策を行っているのでしょうか？

大切なポイントは、自走型社員が〝自然と生まれる〟環境を整えることです。そのために

は、まず判断基準を明確に提示することが必要であり、この判断基準こそがパーパスです。パーパスとは、会社が理想を実現する上で、全社員に大事にしてほしい価値観です。これは、役職や立場は関係ありません。全社員の価値観が揃っていれば、方向性が大きく外れることは防げます。当社の場合、「〝はたらき〟から笑顔を」というパーパスを掲げています。会社の根底にある価値観を社員全員で共有しているため、そもそも誰かの笑顔を損なうようなアイデアは出て来ないのです。

このとき、注意したい点があります。それは、「価値観だけでなく情報も揃える」ということです。多くの会社では、「この情報は部長まで」「この情報は課長まで」といったように情報開示をレイヤーで区切っています。もちろん、あらゆる情報が全社員に開示されると取捨選択が困難になる等、色々な思惑があってのことでしょう。しかし、きちんとバランスを取りながら、できる限りみんなが同じ情報にアクセスできる環境を作ると、社内のアクションが活発になっていきます。

例えば、当社では、一定のマネージャー以上にしか共有していなかった「ミッショングレード」を、昨年よりパートタイム社員を含む全従業員に開示するようにしました。これは、会社が求める成果と、それに対応する給与が一覧できるランク分けです。ミッショングレードが公表されたことで、「自分はこのランクまで行けるかも」「このランクの人を増やすためには何をしたらいい?」といった会話が、飲み会などで気軽に行われるようになりました。制限されていた情報を共有しただけで、トップダウンで指示をしなくても意欲的に取り組もうというポジティブな空気が自然と生まれたのです。

私たちより進んでいる企業は、このようなグレードに加えて、誰がどのランクに位置しているかまで公開しています。つまり、経営者や役員の報酬もすべてわかってしまうのです。しかし、補足しておきますが、これは決して監視が目的ではありません。「このくらいの成果を出せば、このくらいの給与がもらえる」という情報を価値観に照らし合わせて各社員に判断してもらうのが目的です。私には、疑心暗鬼や不平不満を取り払おうとする勇気ある取り組みだと感じました。

パーパスに基づき社員の価値観を揃え、可能な限り同じ情報を共有する環境作りが大切です。このような環境だと、社員も安心してアクションを起こせるようになり、自走型社員が増えていきます。ただ、日々の業務に追われていると、会社の価値観をいつの間にか忘れがちです。会社の価値観に立ち戻れるツールを用意しておくこともおすすめです。例えば、経営計画書をまとめた手帳やハンドブックを全社員に配布するといった施策は王道であり、非常に有効です。明文化したパーパスや指針を社内に共有しておくと、いつも原点に立ち戻り、社員も方向性を見失わず行動することができます。

4-3 幸せな会社作りは「パーパス（存在意義）」からスタートすべき

社員が幸せに働く会社では、「パーパス」を重要視しています。このパーパスという概念には、会社の目指す方向性や価値観など、様々な要素が内包されています。私はその芯にあるのは、会社の「存在意義」だと考えています。「なぜこの会社が存在しなければならないのか？」「なぜこの事業を自分たちがやる必要があるのか？」など、会社が社会に存在する上での約束がパーパスです。

私は、取引先の創業社長たちの掲げたパーパスを聞いているうちに、大きく2つのタイプがあることに気づきました。それは、「世の中を変えたい」というタイプと「お金を稼ぎたい」というタイプです。きっかけとしてはどちらも成立しますし、そこに良い・悪いはありません。この際、パーパスが「経営者の本心から生まれたものであること」と「社内にしっかり共有・浸透させること」の2点が大切だと感じています。

これは、私の失敗談から得た教訓です。事業責任者に就任した当時のパーパスの伝え方は、今振り返ってみると本心を隠して装飾し、周りを納得させるためのものでした。つまり、以前の私は、心の奥底では「事業を拡大して自分の存在価値を証明したい」と思っていたのです。しかし、それでは誰もついて来ないということも、無意識のうちに理解していました。本音と建て前のバランスを取った結果、社員には「事業を大きくする体験をみんなにして欲しい」という表現で落ち着いたのです。やはり社員はそのギャップを感じ取ったのか、私の発言はあまり響いていませんでした。多くの社員に困惑され、時にはキッパリ否定されることもありました。こうした反応に、「やはりトップダウンで細かく指示しなければ人は動かないんだ!」と腹を立てるという負のループ思考に陥っていたのです。

しかし、前述したインドでの体験で私の考えはガラリと変わりました。「みんなで幸せになりたい」という自分のライフワークに気づいた瞬間、すべてがバチッと一本の線で繋がりました。そして、「〝はたらき〟から笑顔を」という、本心のままの飾らないパーパスが生まれたのです。すると、まるで予想もしなかった驚くべき現象が起こりました。それは、一から十まで指示しなくても、社員や外部パートナーさんも含めて、パーパスに向かって互いに助け合う会社へ変化していったのです。

この成功体験から、私は採用面接の場でも本音で語るようにしています。例えば、「このパーパスは私のエゴです。それでも一緒についてきてくれますか?」と率直に伝えます。本音で面接し始めてから、本当に共感してくれた人だけが入社するようになりました。その結果、一体感やチームワークがより強固になったと実感しています。そして、仕事上でもパーパスに沿うか否かという観点から、お互いにフィードバックし合える環境が生まれています。若手社員たちが、会社のやり方、事業、アプローチだけでなく、社長の振る舞いに至るまで、「これはパーパスとは違うと思います」と意見を言える環境に変化したのです。本心から生まれたパーパスを共有するからこそ、本音で話し合えるのです。本音のディスカッションからいいアイデアが生まれ、生産性も高まっていると日々実感しています。

会社のように多種多様な個性や意見が集まる組織では、上手にまとめることができないと空中分解が起こる可能性もあります。仕事を進める上で、みんなが安心して進むためのランドマークこそがパーパスです。「この会社がどうして存在するのか?」「何のためにこの仕事をやるのか？」をありのままの本音から打ち立てることが大切です。パーパスは暗中模索に陥った時でも、〝夜空の中心に光り輝く北極星〟のように会社が進むべき道を示してくれるでしょう。

4-4 「利潤追求型企業」VS「パーパス経営企業」

会社を存続させる上で、利益を確保することは必要不可欠です。その中で、会社が掲げたパーパスと反する決断を迫られる時もあるかもしれません。「利潤を追い求めるべきか？」「あくまでもパーパスに従うべきか？」という難しい局面に置かれたとき、会社としてはどちらを選択すればよいのでしょうか？　実は、利益とパーパスのどちらか一方だけを選べばよいというものではありません。自転車やバイクは両輪があって安定走行できるのと同じで、利益とパーパスをバランスよく保つことが、持続的な会社経営のコツです。

よく利益は血液に例えられます。人が生きていくのに血液が必須であるように、会社も存続するためには利益を得なければなりません。パーパス経営企業の場合、「何のために利益を作るのか？」を明確に設定しています。「パーパスを果たすために利益を得る必要がある」という意識が社内に浸透すると、社員のモチベーションも高まります。もし仮にパーパスに反する方法で得られる利益なら、パーパスに沿った別の手段を探すなど、会社の判断がブレずに済むのです。

一方、利潤追求型企業では利益だけが唯一の目的であり手段になりがちです。この場合、舵取りを注意しないと方向性を誤ることになります。昨今、不正やパワハラが発覚し、連日ニュースで騒がれた企業がありました。その企業も目的と手段が混同してしまった結果、「利益を得るためにはどんな手段を使ってもいい」と無法状態になったと考えています。問題が発覚するまでの間も、社員や取引先、お客様、その会社に関わる人すべてに重篤な心的被害があったことは想像に難くありません。やはり、このような状況下では事業を継続させることは困難を極めると感じています。

さらに、利潤追求型企業で起こるもう一つの弊害が「人をルールや制約で縛りがちになる」ということです。利潤追求型企業では、とにかく数字を上げることが第一であり、ノルマ達成や売上金額が最重要課題です。もちろん、それがプラスに働くこともありますが、プレッシャーに押し潰される社員や、成果を出せない部下に苛立つ上司も出てきます。すると、「社内に不協和音が発生する→お互いへの信頼関係を醸成できない→より一層制約を厳しくする」という悪循環に陥るリスクがあるのです。

それに対して、パーパス経営企業の場合、社内全体が同じ価値観で動くので、細かい制約は必要ありません。当社では、「ルールは人を罰するためではなく、勇気づけるために存在する」という考えのもと、社則を一つひとつ制定しています。状況に合わなくなれば適宜チューニングし、時宜にかなったルールがあると社員も安心して行動できるようになりました。つまり、自分の仕事が「〝はたらき〟から、笑顔を」というパーパスに合っているか否かで行動するのです。置かれた立場に関係なく、全員でアイデアを出し合い、議論し判断しています。しかし、忘れてはいけないのは会社のあらゆる活動も、すべては利益があるからこそ実現できるということです。だからこそ、当社ではパーパスと利益の相乗効果が最大になるように事業に取り組んでいます。

利益とパーパスのどちらを優先するかで、部署間の対立が起こることもあると思います。しかし、両者は決して相反するものではありません。繰り返しになりますが、企業とは

「利潤無くして存続せず。パーパス無くして存在価値無し」なのです。常に利益とパーパスの両輪のバランスを取っていくことこそ、持続的な会社経営を成功させる礎になると考えています。

4-5

社員の「心理的安全」を最優先で確保する

パーパスを設定し、会社全体の進むべき方向が明確になると、社員が自律的に動く環境が整っていきます。しかし、この環境も常にメンテナンスしなければすぐ元通りになるので注意が必要です。環境をキープするために真っ先に確保しておくべきもの、それは「社員の心理的安全」です。事業継続には、自分をありのままに表現できたり、自分の意見に耳を傾けてくれたりする安心感のある場が非常に大切だと考えています。

心理的安全が担保されていない職場では、社員は100%のパワーを発揮できません。

「本当のことを言ったら評価が下がるかもしれない……」「最悪、クビになるかもしれない……」など、このような不安を抱えていると、いいアイデアを閃いても言うのを躊躇してしまいます。もし仮に発言できたとしても、十分に受容文化ＣＯＡが根付いていないと、「発言が否定された……。この会社にいても自分の居場所がない……」とマイナス思考がまるでウイルスのように広がり、最悪の場合は離職に至ります。このような状況では、社員一人ひとりの能力が発揮されず、会社に人も定着しにくくなり、事業の大きな成長・発展は望めないでしょう。

逆に、しっかりと心理的安全性を感じられる職場では、社員が次々とクリエイティブなアイデアを生み出します。もちろん、すべてのアイデアを採用できるわけではありませんが、「話をちゃんと聞いてくれる」という安心感があるので、社員も腰を据えて仕事に打ち込めます。その結果、社内のチームワークや雰囲気も良くなり、売上も伸びていくのです。

では、心理的安全を確保するためには具体的に何をすればいいのでしょうか？　当社では、「存在否定を無くす」という方針を掲げて実行しています。人間は、自らの存在理由がなくなることを本能的に恐れる生き物です。そのため、社員の恐怖を取り除く必要があります。当社のマネジメント層には、４つの要素を念頭におくように伝えてあります。それは、

「受け入れる」「尊重する」「支援する」「勇気づける」の4つです。マネジメント層の言葉は、自分たちが思っている以上に、部下に対する強い影響力を持っています。そのため、存在否定だと受け取られる言動をなくすために、この4点を意識してもらっています。

具体的には、「〝私は〟こう思う」と発言者個人の意見だとわかるように話すことです。例えば、社員からアイデアの提案があったとします。この時、マネジメント層が経営計画に照らし合わせて「優先順位はそこじゃない」と返答したケースを考えます。このような場合、マネジメント側は個人的な意見を伝えたつもりでも、部下にとってはその発言が会社の総意だと捉えてしまうものです。そのため、「私は、優先順位はそこじゃないと思うんだけど」と、あくまでも個人の意見だと明確にわかるように伝えます。すると、社員も安心して私とディスカッションすることができます。

心理的安全が確保されて意見交換や議論が活発になると、耳の痛い内容も出てくるようになります。私も、若手社員から率直に切り込んだ意見をもらうこともしばしばです。正直、耳を塞ぎたくなる瞬間もありますが、会社を持続的に経営していく上では、健全な状態だと思っています。もし、社員に何か違和感を覚えることがあった場合に、腹を割って話し合えるからです。お互いに率直な意見を交わすことで、進むべきではない道に逸れて大問題になる前に回避できるのです。

パーパス経営企業になるには、自分をありのままに表現できる環境を整えておくことが大切です。全社員が安心して仕事に没頭できるようになると、会社と事業はパワフルに進展していきます。そして、真剣で忖度のないディスカッションが経営者にも良い影響を与え、会社を正しい方向へと導く原動力となるのです。

4-6 社員の「会社に抱く感情」まで含めて〝丸ごと〟受け入れる

社員が会社に対して抱く感情は、様々です。もちろん、ポジティブな感情だけでなく、不平不満といったネガティブな感情も湧いてきます。このような社員の感情と簡単に向き合う方法は、ネガティブ・ポジティブの区別をつけず、一旦丸ごと受け入れることです。

「ネガティブな感情を受け入れることは難しい……」と思われるかもしれません。しかし、実は、社員のネガティブな感情には会社を成長させる可能性が秘められています。不満を言ってくる社員は、決して頭ごなしに会社を否定したい訳ではありません。「うちの会社は何にもわかっていない！」という愚痴は、「会社にこうなってほしい」という期待の裏返しなのです。だから、当社では、たとえ負の感情に基づく意見であっても、まずは一旦受け止めるようにしています。私たちはこの受け止める姿勢を**「可能性の聞き耳」**と呼んでいます。

「話を聞くだけで本当に社員が変わるのか？」と疑問に思う方がいるかもしれません。しかし、実際にとても高い効果が得られています。もちろん、話を聞いたとしてもすべての意見を採用できる訳ではありません。それでも、「不満や不安をしっかりと受け止めてくれる」「どんな時でも親身になって聞いてもらえる」という日々の体験を通じて、社員の中に安心感が生まれます。その結果、「社内に居場所がない」「自分はいる意味がない」という無自覚に広がる自己否定も解消できるため、一人ひとりの自己肯定感も高まるのです。

可能性の聞き耳を始めてから、社員から出た自発的なアイデアで、社内の制度やルールを変更することが増えました。年齢や部門を問わず、こちらが心強くなる意見を出してくれる社員たちも多数います。特に印象的だったのは、入社当時には弱気だった社員の変化です。「私にはできません」が口癖の受動的な社員でしたが、しっかり話を聞いていたら、次第に自分の意見を言えるようになりました。その結果、仕事のパフォーマンスも高くなり、2年後には将来の幹部候補として期待できるほどにまで成長したのです。

このように、可能性の聞き耳の文化が醸成されると、突発的なアクシデントが起こっても慌てずに会社一丸となって乗り越えることができます。それを実感したのは、各クラスで中核を担っていた社員たちが一度に辞めていった時でした。社員たちも動揺し、「会社に問題があるんじゃないか?」という厳しい声も挙がりました。私もマネジメント層も真摯に受け止め、社員たちの不安に徹底的に向き合ったのです。

この過程で、私自身の不安や悲しみを打ち明け、「だから、一緒にこの不安を解消していこう」と、社員と目線を合わせることができました。「なぜこのような状況になったのか?」「業務が一極集中する仕組みに問題があるのではないか?」など、チーム一丸となって乗り越えようという前向きな議論が広がったのです。結果的に、以前より社内の絆が一層強固になったと実感しています。現在では、仮に社員1人が長期的に休んでも滞りなく対応できるチーム体制が整い、業務効率もアップしています。これは、可能性の聞き耳のおかげで起こった化学反応だと思っています。

社員が会社に抱く感情は、ポジティブ・ネガティブ関係なく、大切な未来への可能性です。すべて丸ごと受け入れていくと、ピンチになってもチームで乗り越えられる会社へと進化していくのです。

4-7

社員を深く知り「社外活動」や「人生の目標」を応援する

社員は、パーパスという旗印のもと、一つのコミュニティに集まってくれた仲間です。しかし、会社で見せている振る舞いは、その人の一つの側面に過ぎません。持っている価値観や思考パターンは多種多様であり、社員一人ひとりに各々エピソードがあります。だからこそ、会社で見せていない顔とともに深い部分も含めて理解できないと、お互いの正義が衝突してトラブルが生じやすくなります。

では、どうすれば社員の仕事以外の側面を知ることができるのでしょうか？　いいきっかけとなるのが、「社外活動」や「人生の目標」を知ることです。社外活動として、最近は副業をやりたい人も増えています。しかし、副業の動機も人それぞれです。「もっとお金を稼ぎたい」「自分の市場価値を高めたい」「自分を成長させたい」など、多種多様な理由があります。

そして、「人生の目標」も様々です。どんな理由であれ、その人にとっては大切な理由です。社外での顔を知ることで社員理解の解像度が高まり、信頼感が増します。社員としても、社内外でギャップを感じずに済むので、業務に意欲的に取り組むことができるメリットがあります。

個人としての社員を知ったら、応援できる体制を社内に作るとモチベーションアップにつながります。例えば、当社では申請して承認されたら副業できる制度になっています。申請書には、副業をやる動機を書いてもらいます。ただ、ほとんどの社員がここで本心を素直に書けません。例えば、「副業でスキルを身につければ、会社の役にも立てると考えています」などと、当たり障りのない動機を書きます。

そして、副業届を受け取る際には必ずヒアリングも行います。副業したいと思う本当の理由は何かを一緒に深掘りし、そこにフォーカスしていくのです。ヒアリングするうちに、私も自然と応援したい気持ちになりますし、社員も気持ちよく副業に挑戦することができます。もし、副業で壁にぶつかった時でも相談に乗って、私の知り合いが経営する会社を紹介したり、自らの体験談を伝えたりしています。

他には、「将来は起業を考えています」と言って入社する社員もいます。まだ会社として直接的に起業をバックアップする仕組みはないのですが、起業したい社員には「日々の業務の中で、どうやったら最大限学んで糧にしてもらえるか？」を考えながら接しています。起業したての時期は、あらゆる業務を一人でこなさなければなりません。だからこそ、自分の部署以外の仕事に取り組むことを促したり、広い視野を持つために大切なことを伝えたりすることもあります。

自分のアイデンティティが仕事以外の場所にある人も多いです。一昔前は、トラブルの種とみなされるため、会社では副業を隠して真面目に働かないといけない風潮がありました。しかし、それではその人の能力を十分に発揮できません。だからこそ、社員が持っている他の側面や人生の目標を知ることが重要です。自分を偽らなくて済む環境があれば、社員は喜んで力を貸してくれるのです。

4-8

「社員の能力×努力できるレベル」を基準にアドバイスする

「なんで、そんな低い目標も達成できないんだ！」
「そんなんじゃ、いつまで経っても成長できないぞ！」
「私のやり方なら、もっと売上が上がるんだが……」

これは、かつて多くの会社で営業部長が部下に指導するときによく聞かれていた言葉でしょう。現在でも、このような指導をする会社もあるかもしれません。たしかに、このようなネガティブ・フィードバックを受けて、「上司を見返してやる！」と奮起する〝負けず嫌い〟な人もいると思います。しかし、多くの人は、否定的なコメントで自信を失い、自己否定に走ってしまうものです。

「自分は仕事ができない人間なんだ。もう営業なんかやりたくない」と、自分の可能性を自ら潰してしまう人もいます。これは、本当にもったいないことだと思います。自分にその仕事が合うかどうかは、すぐにわかることではありません。なぜなら、続けることで才能が芽吹き、自分の天職に出会える場合もあるからです。

私自身、昔は「自分の成功体験」に基づいて部下に指示していました。しかし、今では、一切やめました。現在では、部下本人に実現可能な目標や目標を達成する方法のプランを聞くことだけに徹しています。

例えば、月100万円の売上目標に対して、実際には月60万円の売上だったとします。この時、決して「今月は40万円足りなかったね」とは言ってはいけません。まずは売上60万円であっても、頑張って営業活動してくれたことに感謝の意を伝えます。まずは「今月も営業お疲れさま。本当にありがとう！」と一言かけるのです。

そのうえで、今月の売上が頑張ってようやく到達した数字なのかどうかをヒアリングします。本人の口から話してもらうことで、来月も同じ目標でよいのか判断ができるからです。仮に頑張って到達した数字だった場合、来月に確実にいけそうな数字を聞きます。そのうえで「80万円ならいけそうです」と部下が答えたならば、「今月よりも20万円多く目指しているんだね。本当にありがとう」と、再度その志を賞賛します。

そして、「どうしたら、目標に到達できそうか？」「どんなプランを考えているのか？」

「今回は、何が期待からズレていたのか？」などを自分の言葉で話してもらいます。経営側の視点だけで立てた目標は、社員にとって無茶な設定になっていることもあります。だからこそ、目標設定ではお互いの合意が大切です。

仕事の難易度とストレスは、本人のスキルより少し上、あるいは、少し下だと一番パフォーマンスが上がると言われています。そのため、会社にも本人にも期待通りの結果が出せそうな仕事で、かつ少し難易度が高い、あるいは少し低い目標設定を一緒にしていきます。このように、「相手の能力」と現時点で頑張れる「努力基準」を掛け合わせて話し合うことで、生産的なミーティングに発展しやすくなります。

まずは、部下の考えを認め、賞賛し、頑張れる到達点にじっくりと耳を傾けてみてください。もちろん、経営側としては「本当は１００万円を目指して頑張ってほしい」という気持ちもあるでしょう。しかし、誰でも人から押し付けられた目標には、やる気を出せないものです。「君ならこのくらいは行けると思うよ」という期待の言葉を伝えてみてください。

あくまでも本人の口から「努力目標」を語ってもらい、本人のやり方を尊重することが大切です。それが、社員の心理的安全性を育み、「ここで働きたい！」と思ってくれることにつながるのです。

5

生産性が上がるWellbeing、下がるWellbeing

5-1

「社員の幸福」に無関心な企業は生き残れない

社員を大切にしない企業は、社会から批判され、生き残れない時代になっています。

そして、個人の幸せの定義は人それぞれです。個人の集合体である企業は、経営者でも社員でも誰もが幸せを本能的に求めています。個人の幸せに関心のない企業は、社員の生産性の低下を生み、さらには社員の離職につながります。

社員の幸せにまで考えが及ばなかった以前の私は、今振り返ると社員を道具として見ていた節があったかもしれません。当時のスカイアークは受託開発がメインであり、1社ごとのニーズに合わせたカスタムプランを提案していました。社員も30〜40名と少なかったので、営業、契約関係、ディレクションなど、多岐にわたる業務範囲を1人の社員が広くこなす必要がありました。

当時の私は、「営業はお客さんの財務諸表を読めないと提案できないでしょ」「法律を理解して契約書を読まないとリスクを察知できないよ」「ディレクターが足りないから営業がプロジェクトを回すしかないね」と要求が高いうえに、誰もができて当然と思っており、できなければ「この人は使えない」と判断していました。

今から考えると、社員の幸福ではなく、会社の売上や業務効率がすべてで、毎日がまるで戦場でした。もちろん、私自身も全部できたわけではありません。しかし、「人がいないから進められない」という言い訳を許しませんでした。

また、社員の幸福を自分勝手に決めつけていたとも思います。会社を大きくする体験をすることがビジネスパーソンの幸せだと思っていましたし、それ以外は幸せではないと社員に押し付けていました。しかし、本来、幸せの形は人それぞれのはずです。

「使える」「使えない」という私の自分勝手な判断によって傷つけられた社員たちは、クリエイティブなアイデアを依頼されても集中できず、生産性はどんどん低下していきました。

そして正直なところ、やはり当時は離職も多かったのです。30〜40名規模の会社であるにも関わらず、3ヶ月に1人か2人は必ず辞めていました。やる気に満ちて「頑張ります」と言って入社した新入社員が、わずか3ヶ月で「生ける屍」のような顔になって辞める悲しい現実も起こっていたのです。辞めていった社員の顔を思い浮かべると、みんな疲弊しきっていました。

この失敗から教訓を得て、社員の幸福を考え直したことで、幸いにして倒産することなく、会社は成長できました。

社員の幸せの定義は一人ひとり異なります。なかなか断定は難しいのですが、優先順位は異なれど、その人が「この状態が幸せ」と思うことは、自分にとっても幸せに感じることが多いと思っています。まずは、社員一人ひとりが感じる幸せを明確にイメージすることから始めてみてください。これまで社員の幸せについて考えて来なかった企業にとっては、それだけでも大きな一歩を踏み出したと言えるでしょう。

5-2 「いい・悪い」の二極性で物事を判断しない

「〝神速〟で仕事を終わらせる技術」
「クレームを3倍速く片づける極意」

「相手の〝YES〟をその場で引き出すスーパーテクニック」

巷には、このようなメソッド本やWEBの記事などであふれ返っています。さらに、実際の職場においても、「素早く仕事を終わらせること」に賞賛が贈られることが多いように感じます。「〝60％の出来〟でも、速い方がいい」と唱える人もいるくらいです。

しかし、私はこういった風潮に、大きな疑問を感じています。本当に、「仕事が速い＝素晴らしいこと」「仕事が遅い＝悪いこと」などと、白黒ハッキリ分けられるのでしょうか？「必ずしもそうとは限らない」というのが、私の率直な意見です。

仕事においては、「いい・悪い」の二極性で物事を判断してしまうと、一人ひとりの社員の良さや個性を取りこぼすリスクがあります。その判断が「働きがい」や「幸福感」を下げる要因になり得るのです。たしかに、基本的には「仕事が速い＝生産性が高い」ですから、仕事が速いことはプラス面が多いと思います。しかし、仕事が遅いことにも、隠れたメリットがあると考えています。

例えば、コールセンターにおける「顧客対応」の場合で考えてみましょう。業務の効率性を「CPH（Call Per Hour）」などの指標で管理されることがあります。これは、オペレーターが1時間あたりに対応したコール件数のことです。

このような指標からも「速いこと＝いいこと」だと考える管理者の思考が透けて見えると思います。たしかに、じっくりと顧客の話に耳を傾ければ、それだけ多くの時間がかかります。しかし、それでお客様に満足してもらえたら、必ずしも「間違った対応」ではないはずです。「顧客対応に時間がかかったから悪い」とは一概には言えないでしょう。電話対応の質一つで「ロイヤルカスタマー」や「ファン」になることもあるからです。

このように、物事は「いい・悪い」の二極性で判断できないと考えています。上司やリーダー、管理職の方は、部下と会話をするときに「一方的な視点で、相手を評価していないか？」について、意識を向けてみてください。それが、一人ひとりの社員の魅力、才能、輝ける仕事を発見するきっかけとなると思います。物事には必ず両面があり、どちらか一方が正しいということはないのです。

5-3

どんなことも「二面性」があることを知るべき理由

逆にどんなに良いと思われることにも、デメリットになり得る部分が必ず存在します。例えば、以前の私は「リモートワークはメリットしかない」と考えていました。私の会社も緊急事態宣言があった際、即座にリモートワークを開始しました。たしかに通勤時間がなくなり、事務所の家賃や移動費もかからず、非常に効率的だとプラスの面しか見ていなかったのです。

しかし、リモートワークを導入してから、社員と対面で会わないので、「ちょっと表情が暗いね」「悩んでいるの?」など、ちょっとしたことで声をかける回数は減ってしまいました。さらに、オンラインミーティングでは、画面オフの参加者もおり、終わったら即退室し、雑談をしてはいけない雰囲気を感じることも少なくありませんでした。また、ミスコミュニケーションが増加し、伝えたいことと違った意味で受け取られたり、拡大解釈されたりすることが増えたのです。

社員も最初はリモートワークを喜んでいましたが、一人暮らしの若手社員を筆頭に不安の声が上がってきました。自宅に家族が住んでいない人は、業務の話だけで他のコミュニケーションは一切取れず、遊びや飲みに行くこともできません。「もしコロナにかかってしまったら……」という不安を吐露することもできず、非常に大きな不安感があったと思います。

現在は週1回の出社にしていますが、あえて30分間の雑談をするティータイムを設けています。緊急なことがない限り、出社したメンバー全員で集まるようにしています。

もう1つ両面性の具体例をお伝えしましょう。当社はＳａａＳ（サーズ、Software as a Serviceの略）のサービスを販売していますが、毎月請求書を紙かＰＤＦでお送りしていました。多くのＳａａＳ企業は1年契約の年一括払いですが、それに比べたらとても非効率な作業です。しかし実は、毎月定額の方がクライアントの契約期間が長くなることがわかっています。例えば、月額10万円のサービスだとして、毎月請求するタイミングで「いつもお世話になっています」からコミュニケーションが始まります。そこで断られることはなく、仮に担当変更があったとしても払い続けてくれます。この毎月のコミュニケーションは、スカイアークという社名を知ってもらえる良い機会にもなっていたのです。

これがもし、年間１２０万円の一括払いの請求書が来たらどうでしょうか？　金額が12倍になるので、「この契約は何だ」と見直しが入る可能性もありますし、コミュニケーションの回数も12分の1に減ってしまいます。

また、某コールセンターの事例もお伝えします。多くのコールセンターは、社員を終電で帰宅させています。しかし、その企業はタクシー代を支払い、深夜12時まで業務をさせていました。競合他社の業務が夜10時までなのに対し、深夜12時まで稼働しているため、顧客満足度が高いと評価されたのです。それだけではなく、社員満足度も高くなりました。「終電ギリギリで上がってダッシュで帰るよりも、終わったら落ち着いてみんなで飲みに行けるのが嬉しい」という社員の声があるそうです。

このように、物事を一面性だけで決めつけて考えると、大きなメリットを見落とす可能性もあります。すべてのことには裏と表の二面があり、そこに大きなビジネスのヒントが隠されていることもあるのです。

5-4 「次に何をすべき？（＝Ｔｏ ｄｏ）」の質問だけをするのはＮＧ

Ｔｏ ｄｏリストを作り、どんどん効率的に仕事をこなすことが美徳だと考える風潮があります。しかし、「次に何をすべきか？（＝Ｔｏ ｄｏ）」の質問によって、かえって社員の生産性を落とすこともあります。

今の時代、毎日タスクが生まれるのが当たり前になり、Ｔｏ ｄｏリストが綺麗になくなることはほぼないと言えるでしょう。日々、必ず何かしらの積み残しが発生します。タスクが終わった瞬間に上司やクライアントからメールが来て、新しいタスクが入ってくることは日常茶飯事です。

これでＴｏ ｄｏリストが残っていることを問題視すると、週の終わりに「今週もタスクが残ったダメな週だった」と脳に記憶が定着し、次第に自己重要感が下がってしまいます。

たしかに、書き込んだＴｏ ｄｏリストが減っていくことに快感を覚えることもあります。一方で、常に何かに追われている感じになり、仕事とプライベートの区切りがつかなくなっていきます。その結果、休日でもスマホから目が離せず、「通知が来たら何か返さなきゃ……」と余暇に集中できなくなりがちです。

余暇に集中できないと、仕事にも集中できなくなる悪循環に陥る可能性があります。例えば、業務をやっている時にポーンとＬＩＮＥの通知が来たらそっちが気になり、生産性も下がるだけでなく心の平穏もなくなってしまいます。例えるならば、「ストップと言えないわんこそば」です。倒れるまで食べ続けるしかなくなり、とても危険です。

また、「次に何をすべきか？」と考える「べき論」は、各々の正義感から生まれがちです。正義感から設定してしまうと、他人の意見を認めづらくなり、議論が平行線をたどる可能性が高くなります。

組織のリーダーの方は、「何をすべきか？」ではなく、**「次はどうしたい？」**という質問をしてみてください。何かしらのアクションをして後から振り返る時に、「期待通りだったのか？」「期待とずれていないだろうか？」「仮にずれた場合、その要因は何か？」を考え、「次はどうしたいか？」というロジックで考えると物事はスムーズに進むと思います。

またＴｏ ｄｏリストだけではなく、月ごとに納会を設けるなど、業務の区切りをメンバーへ提示してみてください。ほとんどの会社では、社員一人ひとりが複数のプロジェクトを並行で担当しています。1つのプロジェクトを区切っても他のタスクが残り、個人が業務の区切りをつけにくいのです。意識的に会社として、チームとして業務の区切りを持つのは、生産性の向上にも有効です。

5-5 「心が動いた嬉しい体験は何？（＝Ｔｏ ｆｅｅｌ）」と質問する

「心が動いた嬉しい体験は何？（＝Ｔｏ ｆｅｅｌ）」と自分に質問することは大切です。ここでは予防医学者の石川善樹さんの記事から、私自身が実践してみて効果があったものをご紹介します。これは、終わり方の体験によって、記憶が良い方にも悪い方にも定着するという考え方です。

自分の1週間を振り返った時に、「いい1週間だった」と記憶した方がいいに決まっています。一方で、Ｔｏ ｄｏリストに追われて「ダメな週だった」「疲れた週だった」と記憶定着すると、土日に嫌な気持ちを引きずり、週明けのモチベーションや生産性の低下を招く可能性があります。そうなると、「来週も嫌な週が待っている」「出社が面倒くさい」などと、日曜の夜6時から胃が痛くなってしまうかもしれません。

そこで、1週間の終わりに「今週嬉しかったことは何?」とあえて自分に聞いてみてください。本当に些細なことだったとしても、嬉しかった体験を週の終わりに反芻することで、過ごした時間の捉え方が良いものに変化していきます。

社員に「今週嬉しかったことは何?」と尋ねたとき、最初はネガティブな発言をするメンバーも多くいました。この時に心掛けていただきたいのは、否定的に捉えずに、**「それが嫌なことだと自分で気づいているのは、すごいよね」**と声をかけることです。たとえ、ネガティブな出来事だったとしても、そう感じていたことを「すごい」と言われたポジティブな事実が感情に残れば、結果として「いい1週間だった」と定着できるのです。

第3章の『「ポジティブ承認文化」が生産性を上げる』でもお話ししたように、何かを悪いこととして捉えたときに「悪い」で終わらせずに、「悪いと捉えられた自分、すごい」と気づいてもらうことが大切です。

昔、当社のWEB社内報アプリ『SOLANOWA』が目標ラインに全く乗らなかった時期がありました。このときは「なんでTo doリストが終わらないんだ」「なんで目標ラインに乗らないんだ」とダメなことばかり考えていました。そのとき、仲間の経営者が「そんなにダメなサービスだったら、こんなに多くの大企業のクライアントは使っていないのでは？」と声をかけてくれました。

このひと言は、当時の私にとって本当に救いでした。それまでの私は、「社員がサボっているんじゃないか」と考える負の感情に支配されていました。しかし、仲間からのこの一言に納得し、「なぜ買ってくれるのか？」「大企業を含め、なぜこれだけのクライアントが使い続けてくれるのか？」と、ポジティブな理由に目を向け始めたのです。そして、社員たちと一緒に見つけた良い部分を伸ばすことで、さらに事業が加速していくという成功パターンを身につけました。

自分や社員に「心が動いた嬉しい体験は何？（＝Ｔｏ ｆｅｅｌ）」と聞くことは、精神安定剤にも、再現性のある成功法則にもなるでしょう。その結果、生産性が高くなり会社もスケールアップし、ポジティブな循環が生まれると考えています。

5-6 「マイナスの感情」に振り回されるリーダーには誰も従わない

これまで、ポジティブな文化のメリットをお伝えしてきました。その反面教師として、ネガティブな感情に振り回された事例を挙げてきました。やはり、マイナスの感情に振り回された結果、社員は傷ついたり、納得できなかったりして、チームの崩壊や個人の離職につながります。

「製品がダメなんじゃないか？」「社員がサボってるんじゃないか？」などのマイナス感情に支配されると、すべてに対して否定的で、信用しない状態になります。

仲間を信用していなかった当時の私は、社員の労務チェックを始めました。出勤時間を見て、「こんなギリギリに来てる」「しれっと遅刻してるな」と思い、客先に訪問して戻りが遅い社員に対して「サボってるのでは？」と、すべて疑いの目で見ていました。

こうなってくると、社員に対する物言いも変わってきます。次で詳しく述べますが、「社会人として始業時間の10分前には来るのが当然だろう」などと、「べき論」や「一般論」を語って社員を管理しようとしていました。

さらに、感情のコントロールができず、相手を言い負かさないと気が済まないのです。頼もしいメンバーの存在がいかに心強いかを一切忘れて、「あなたの努力が足りないから目標に行かない」と、恥ずかしながら言いまくっていました。

本来は、社員がサボっているかをチェックするくらいなら、自分自身も目標達成のために何か行動すればよい話です。つまり、私は〝有言不実行〟で、言っていることとやっていることが異なるリーダーでした。ある意味、リーダーがずっと無自覚にサボっている状態です。そのため、「社長はああ言っていたけど、自分ができてねえじゃん」と陰口を叩かれ、「そうは言っても、あなたもそうじゃないですか」と言わせてしまうオーラが滲み出ていたと思います。

幸いなことに、私の場合はインドに行った時にメンバーの存在の心強さを思い出せたので、マイナス感情から脱却し、まともなコミュニケーションが取れるようになりました。マイナスの感情から抜け出したことで、同じことを伝えるにも言い方が変わり、社員が受け入れてくれるようになったのです。

本書を読んでいるみなさまには、私の例を反面教師として、くれぐれも私のようなNGアクションを起こさないようにしていただければと思います。

5-7 人間は「べき論」で動くほど単純じゃない

「マネジメントとして業績の数字に責任を持つべき」「メンバーの生活を守るべき」という「べき論」で話すと、まるで正論のように聞こえます。しかし、実は「○○さん、自信ないんだな……」と相手に見透かされやすい言葉だと思っています。

べき論が口から出始めるときの心理状態について考えてみましょう。

「部下が自分の言ったことに対して動いてくれないかもしれない……」

「自分の考えがそもそも間違っているかも……」

「失敗したくない……」

このような不安をかき消すために、べき論を使う方が多くいらっしゃいます。「べき」という強い論調で武装して、自分の意見を通すテクニックとして使われているのです。しかし実際は、べき論によって当初目指していた目標とは真逆の方向に行く可能性があります。

私は以前、「社会的価値のない人」と思われたくない一心で「べき論」を並べた結果、必要以上に人を追い詰めて、気力や体力を削ぐこととなりました。

一見、正しい意見に思えるのですが、正論を言われた相手は、「正論じゃない行動をしてるから自分はダメなんだ……」と自己重要感を下げてしまいます。また、何か反論があっても言いづらい、許されない雰囲気を作ってしまいます。つまり、べき論は、正論と見せかけて相手を否定する言葉になります。

一方で、実は言っている側も「間違えているかもしれない」「指摘されたら、言い返されたらどうしよう」と不安なので、お互いに疲弊することになります。

恥ずかしい話ばかりで恐縮ですが、べき論を並べたところで相手に響くことはなかったですし、響かないことに対して私もイライラが募ることを繰り返していました。結果として、チームの協力体制はなくなり、生産的に何かクリエイティブなものを生み出せなくなっていき、本来目指した目標とは真逆の結果に向いていきました。

「はっきり指示してもらった方が社員は動きやすいのでは?」という意見もあるかと思い

ます。共通して言えることは、べき論で「100%自分が合っていて、お前は間違ってるよ」とマウントをとるのではなく、目標達成のために何をするのかを議論する方が大事です。それを考えた上で、「こうしてみよう」という論調の方が受け入れられやすくなります。

べき論は、否定のパワーが非常に強い論調です。まずは「べき」を少しずつ減らせるよう心掛けてみてください。また、「こうする選択肢もあるね、どう思う?」と、相手だけを否定する形にせず、自分も対象に含めるスタンスで話してみましょう。これは、社員本人の意見を出すのにも有効です。本人が意思決定し、行動できるようになると、リーダーとしても会社としても最高の状態をつくり出せるのです。

5-8 自身の意見を「一般論」として語るな

「みんな言っています」などの一般論は、多くの人が使っています。これは、前項の「べき論」と本質的には同じであり、自分の中にある不安を隠すための言葉だと捉えています。

一般論を言う人は、「自分一人が言っているわけではない」「自分の後ろには1000人、1万人ぐらいいるぞ」という気持ちがあり、発言にパワーを持たせたいと思っているのです。また、反論された時などに、「自分一人に矛先が向かないようにしたい」という心理も働いています。いずれにしても、様々な不安があるときに、自分の意見を一般論として話すケースが多いと考えています。

私の場合、社員が辞めていったときに「みんなそう思っていますよ」と言われ、内心焦りました。しかし、いざ他の社員にもヒアリングしてみたところ、実際は様々な意見を聞くことになりました。

多くの場合、一般論はその人が「一般論だと思っている論」というだけで、実は全く一般論ではないのです。この経験で思ったことは、会社に言いたいことがあるなら、自分自身の意見として言った方がちゃんと一人の意見として扱われるという事実です。「世間一般では常識ですよ」「周りの同期はみんなそう思ってますよ」と言っても、かえって採用されにくくなりますし、調べれば一般論ではないことはすぐにバレてしまいます。「みんな言っているんだ」と不安になって調べること自体、時間の無駄です。雰囲気も悪くなり、無駄な小競り合いが生じるだけのような気もします。

また、マネジメント側の人は、前項の「○○すべき」というべき論に対抗して、一般論で「でも一般的にはこうじゃないですか?」というやり取りが発生したこともあるかもしれません。結構よくある話だと思います。ただし、ブレーンストーミング(ブレスト)などで、べき論や一般論のぶつかり合いになった場合、有用なアイデアやコアの部分が議論されないことがほとんどです。逆に、多くは重箱の隅をつつくような議論になるでしょう。

マネジメント層が部下を疑っている職場では、お互いが疑心暗鬼になります。そして、一見パワーを持っていそうな「べき論」や「一般論」を使いがちなのです。

社員が辞めたときに私が後悔したことは、元々は自分の意見を言っていた社員が、「みんなやっていますよ」と一般論を話すようになった変化に気づけなかったことです。

一般論ではなく、「私はこう思います」「私はこれが嫌です」と社員一人ひとりが言える環境と雰囲気を作ることがマネジメント層の大切な仕事だと言えるでしょう。

6

日本中の会社を「笑顔」であふれかえらせたい

6-1

経営者やリーダーは「自分の成功体験」を過信してはならない

経営者やリーダーが過去の成功体験を過信すると、失敗する確率が高くなります。

その理由は2つあります。1つ目の理由は、成功した当時と現在では状況が大きく異なる場合があるからです。多くの経営者やリーダーは、過去に良い成績を収めたからこそ、昇進あるいは起業しています。しかし、その成功体験は、時代背景・環境などの好条件が揃ってたまたま成功しただけかもしれません。「次も同じようにやれば成功するだろう」と過去の成功体験をそのまま繰り返しても、状況が異なる現在では上手くいかないこともあります。

私の父親世代では、サラリーマンは「企業戦士」と呼ばれていました。当時に流行したCMのキャッチフレーズは、「24時間戦えますか?」です。今の時代、当時と同じ考え方でマネジメントすることは流石に難しいでしょう。もし仮に、社員に24時間労働を強要しようものなら、パワハラで訴えられます。これは極端な例ですが、このように過去の成功体験が通用しなくなっているケースは往々にしてあります。「過去の成功体験をそのまま実行するだけで大丈夫」と決めつけない方が現実的でしょう。

2つ目の理由は、自分の成功体験が正しいと思い込んでしまうと、無意識のうちに他人を否定することになります。この行為は、自分自身の柔軟な対応や新たな可能性を切り捨てるだけではなく、周りの意見を認めないことで、社員のやる気が下がるデメリットもあります。

「最近の若いやつは……」という言葉は、誰もが一度は聞いたことがある言葉だと思います。私も新卒時に先輩社員に言われた経験があり、正直イライラしたことを覚えています。「たとえベテラン社員になっても自分は言わない」と当時誓ったのですが、いざ年を重ねると思わず口に出したくなる自分がいました。約5000年前のエジプトの石碑にも「最近の若いやつは……」という文字が刻まれていたようです。何かを築き上げたという自負と、時代によって価値観の優先順位が異なるため、自分とは離れた世代に否定の気持ちが生まれたのかもしれません。もし、自分が言われたら、嫌な気持ちになるでしょう。否定の言葉はほとんどが建設的ではなく、生産性向上につながりません。自戒の意味も込めて、気をつけたいですね。

過去と現在の自分を比較すると、考え方の物差しが違うため、そのまま実行しても新たな成功を生み出しにくくなっています。現在の自分の状況を整理し、一緒に働いている社員と新たな成功体験を作り出すことが重要です。

6-2

一人ひとりの社員は〝光り輝く才能の塊〟である

どんな人でも必ず得意なことや優れた才能があり、その人に合った仕事があります。例えば、新卒社員の場合、社会人経験がないため、教育が必要であり、会社で戦力になるには相当な時間がかかると思われています。しかし、メインユーザーが20代のプロダクト開発においては、40代の私よりも20代の社員の方が、的確にユーザーの使いやすさがわかるのです。私は普通に使えても、実は20代の人たちにとっては使いにくいこともあります。このように、**若さも1つの能力**だと実感しています。

組織や社員が保守的になり、チャレンジ精神や生産性が低下する大企業病も、一人ひとりの強みを活かすことで解決できます。高度経済成長期、日本企業はオペレーションに従うことで、事業成長する経験をしました。つまり、当時の仕事ができる人とは「オペレーション通りにこなせる人」であり、50年経った今でもその意識が根強く残っています。これが、大企業病が発症する原因の1つです。もちろん、オペレーション通りが悪いわけではなく、ルーチン化して進めることも大事なプロセスの1つです。言いたいことは、**「オペレーションから外れたからと言って、生産性の悪い人だ」**とは必ずしも言えないということです。逆に、クリエイティビティを発揮する場では、その人は才能の塊となるでしょう。

会社の期待にコミットしなければ、すぐに才能のない社員だと評価されてしまうこともあります。よくある話ですが、私はこの判断は大きな間違いだと考えています。どの人にも才能はあり、多くの場合、会社が社員の才能を見抜いていないだけだからです。自分の強みや特性を引き出し、気づいてもらうことで、社員の才能は磨かれ、光り輝くのです。

会社でイノベーションを起こしたいなら、現状の課題を洗い出し、その課題を解決できる社員全員の才能を棚卸ししてみることが大事です。例えば、既存事業やキャッシュフローを守る仕事に関しては、オペレーション業務が得意な人に任せ、新規事業や企画開発など新しい発想が必要な場では、クリエイティビティの高い人に担当してもらうのが理想の人財配置です。

自分にとって当たり前にできることの中に、実はその人の才能が隠れています。さらに、活躍の場が与えられると、社員はやりがいを感じて取り組むため、結果が出やすくなります。結果が出ると楽しくなるため、さらに輝きを増す好循環サイクルに入るのです。

6-3 会社と社員をつなぐ居場所はどこにあるのか？

現在では、オフィスでリアルに会う機会に加え、いつでもどこでも繋がれるオンラインの場が増えています。特に、新型コロナの緊急事態宣言以降、バーチャルでコミュニケーションを取る機会が日常的になりました。これまでは、全体ミーティングや朝礼で会社の存在意義を確認していましたが、現在では、オンラインで確認できる場が求められています。会社においては、「何のためにこの会社に属しているのか？」「何のために集まったのか？」ということを再確認できる場所がますます必要になっています。

当社では、「〝はたらき〟から、笑顔を」というパーパスを掲げ、WEB社内報アプリ「SOLANOWA（ソラノワ）」を200社以上の大企業のクライアントに提供しています。このWEB社内報アプリには、2つの大きな特徴があります。1つは、好きな時に好きな場所からスマホでアクセスできること。もう1つは、業務に直結するやりとりはしないことです。例えば、顧客情報の管理、目の前にある業務メールの対応や打ち合わせの進行などには関わりません。

それでは、WEB社内報アプリはどのような役割があるのでしょうか？　例えば、ポジティブ・フィードバックをすることで、社員が安心できる場と勇気づけられる場を提供しています。WEB社内報アプリとは、会社と社員を感情面でつなぐコミュニケーションツールであり、シンボリックスペースだと位置づけています。

実際に、「SOLANOWA」を導入したクライアント企業の事例を紹介しましょう。

皆が課題や不安を抱えていることはわかっているものの、今すぐ結論が出てこないこともあると思います。ある会社では、WEB社内報アプリで社員各々が考えていることや考え方を共有して、解決の糸口を掴むことに活用しています。また、不安を和らげて、組織の距離感を縮めている企業もあります。また、ある食品メーカーでは、会社が目指しているパーパスや、その中から紡ぎ出される製品の開発理由やストーリーを発信しています。会社の製品に対する想いを全社員と共有することで、ますます自社製品や会社を好きになる〝ファン化〟を加速させています。

会社には、「何のために自分たちは集まったのか?」と、すべての社員が気軽に原点に立ち戻れる居場所が必要です。これからも、ＷＥＢ社内報を提供することで、そのような居場所をどんどん作り出していきたいと思います。

6-4 躍動している社員の存在が「一歩踏み出す勇気」を与える

単にビジョンやパーパスの文章を掲げるよりも、活躍している社員を紹介する方がプラスの波及効果を生み出すこともあります。

共鳴・共感できる会社のビジョン・パーパス・理念などは数多く存在しています。一方で、具体的な内容が伝わりにくい場合も少なくありません。そのため、実際に社員が仕事でビジョンを体現している事例を示すと、会社のビジョンに対する理解が深まります。

また、社員のケーススタディを共有すると、社員が自己実現やキャリアアップを考える際の参考になり、「自分もチャレンジしてみよう」と勇気が湧いてきます。社員一人ひとりの自己実現が進むと、結果として会社のビジョン達成に近づくのです。

例えば、コンビニのパートタイムで働くAさんは、「家が近い」「シフトが入りやすい」といった働きやすさで職を選んでいます。働く目的は、会社の理念に共感したわけでもなく、自己実現のためでもなく、経済的な理由だけです。Aさんのようなパートタイムの方たちに対しては、「生活のため・安定のため」の社員登用制度、フレックス制の勤務制度、評価制度の作成と見直しなどを行うことが大切です。その制度に込めた想いや意図を紹介する方が、パートタイムのAさんは現実的に行動しやすいのです。自分たちの生活が十分に満たされると、次のステージは、個人の自己実現、会社へのさらなる貢献に考え方がシフトしていきます。このロードマップの運用実績や、実際に利用した社員の紹介を行うことで、次の社員が一歩を踏み出しやすくなります。

さらに、WEB社内報アプリは、全社員にリーチできるメディアです。これを上手く活用すれば、報酬制度の事前告知も可能になります。例えば、ある契約形態で成功報酬100万円なのか、据え置きで30万円なのかを社員が自分で選べるのです。大事なことは、「なぜそうしたのか？」という経営側の想いを添えることです。その想いに納得し、社員が自分軸で選べることが社員の自立のきっかけになります。

社内に経営者の想いを共有することで、全社員に等しく成長機会を与えることができます。成長した社員の躍動が他の社員にも波及し、社員エンゲージメントと社内の一体感が生まれ、業績向上にもつながるのです。

6-5 世の中を変えるのは〝たった一つのパーパス（存在意義）〟

経営者とリーダーは、自分の想いを共有し、勇気を出してパーパス（存在意義）を社員に伝えることが大切です。

世の中には、実に様々なコミュニティが存在しています。その中で、会社というコミュニティを作る理由は、「共通の〝何か〟を目指し、〝何か〟を実現させるため」です。その〝何か〟、つまりパーパスを実現する手段が会社であり、パーパスがなければ会社の存在理由はないのです。逆に、パーパスがある会社だからこそ、世の中を変える企業活動が可能になります。

もし、社員が生活のためだけに働くなら、所属する会社はどの会社でもよい訳です。売上アップやDX化も大事ですが、会社の「らしさ」を表現できているかの方がもっと大切です。「何のためにこの会社が存在するのか?」というパーパスと、「何のためにこの会社で働くのか?」という社員の想いが共鳴するからこそ、会社は存続できるのです。

整理したパーパスを社員に伝え続けることで、パーパスに共感した人が会社のファンになっていきます。人は感情で動く生き物です。経営者やリーダーの想いや情熱が伝わり、パーパスが浸透すると、細かい指示がなくても社員が能動的に、善意に沿って行動してくれるようになります。そうやって初めて、会社としてのビジョンや世界観、「自社らしさ」が現実のものとなっていきます。

社員に対してパーパスを浸透させるには、パーパスへの接触機会を頻繁に増やすことが重要です。大切なポイントは、「伝えたいときに伝えられること」と「知りたいときに見に行けること」の両側面があることです。従来の朝礼や会議での伝達では、伝えたい時に伝えることはできますが、別件が入って欠席した場合、伝わらない状態となります。社内の掲載物ですと、知りたい時に見に行けますが、伝えたい時に伝えられるとは限りませんし、履歴をさかのぼるようなことはできません。この課題を解決し、社員皆とパーパスを共有し合う、あるいはリマインドできる効果的なコミュニケーションツールとしてWEB社内報アプリを開発しています。

「みんなが会社のファンになり、世の中を変える企業活動を行うこと」は、多くの企業はステークホルダーも含めて実現させたいことだと思います。だからこそ、実現にはパーパスが重要です。弊社では、パーパスを伝えウェルビーイングを向上させるWEB社内報アプリの企画運営や、さらなる応用のための勉強会やアドバイスをしています。もう一度パーパスの在り方を見直し、発信していくことで、職場や会社を幸せな場所にしていきましょう。

6-6 「働く理由」を社員一人ひとりが意識できる世界を作る

「働く理由」は、社員の働きがいや仕事のモチベーションに直結します。仮に、働く理由がわからなくなった社員は、どんなに報酬が良くても辞めてしまいます。

私自身も、OA機器販売会社を1年半で退職した経験があります。業務内容は、オフィス複合機をお客さんに売るという非常にシンプルな内容でした。「何をやるのか?」は明確だったのですが、「何のためにそれを売っているのか?」については、「仕事だから」で終わっていました。営業成績は悪くなかったので、報酬はそれなりにありましたし、特に不満もありませんでした。しかし、やがて、「何のために俺はこの仕事をやっているんだろう？」と、ゴールのないマラソンのごとく、目的を見失って働く日々に疲弊してしまったのです。

その後、現在のスカイアークに転職したときは、創業者と一緒に事業を行い、どこまで自分の力が通用するのか、この会社をどこまで大きくできるか試してみたいという明確な理由がありました。最初は、お客さんが自分を評価してくれることを嬉しく思いました。それが徐々に、会社のエンジニアを評価してくれること、会社そのものを評価してくれることに嬉しさを覚えるようになりました。マネジメントに移り、経営に進む中で、徐々に会社のパーパスと自分のビジョンが一体化していく体験を得たのです。

この体験で感じたのは、社員が100人いて100人とも明確な働く理由を持っていると、強い会社になり、持続的に活動できるという事実です。ピラミッド型組織のように経営層の判断が階層を下って最終的に現場のメンバーが動くのではなく、フラットに社員100人が各々で判断でき、スピーディーに時代に合わせて変化できる会社になるということです。

これには、パーパスを中心に個々が判断し、個々が互いに連携できること、いい意味で変化に対応でき、変化を許容できることが大切です。パーパスそのものと、パーパスと連携した個人のビジョンを一人ひとり自覚できている必要があり、パーパスをいつでも確認できる環境が必要です。この環境の実現が、WEB社内報アプリの運用目的の1つです。

「働く理由」を自覚するたびに個人のパワーになり、結果的に企業のパワーになります。これまでの日本は、小・中・高・大と仕事に関係のない勉強をやり、短期間で会社研究をし、就職で採用された会社でとりあえず働くケースが多く存在します。そのまま働き、60代で定年活動してやっと「何のために働いていたのだろうか？」と我に返り、虚無感を感じる人も多いでしょう。そういう社会を私は変えたいと思っています。

特に今は転職ブームで、今後は最初に就職したところに定年まで働く人は少なくなります。今後、会社で働く理由が見つからなければ、転職する人が一般的になるでしょう。社員一人ひとりが働きがいを感じ、自律してパワフルに働ける社員がいる会社、そして日本を作っていきたいと考えています。

6-7 法人という人はいない、「リーダーも社員も等しく会社の一部」

「会社は何もわかっていない」「会社がきちんと評価してくれない」と不満を言う人がいます。そもそも、会社はコミュニティであり、法人と言うこともありますが、人ではありません。ここで言われている会社とは、リーダー層、マネジメント層、経営層のことを指しています。しかし、会社の不満をぶつける社員も、会社の一部であることを忘れてはいけません。リーダーも社員も役割が違うだけで、同じ会社の一部です。会社に属している一人ひとりが、自分らが会社の一部だと自覚して働くことが理想だと考えています。

さて、WEB社内報のクライアント事例を2つ挙げたいと思います。

かつて、企業と労働組合の関係は、ストライキや春闘などで戦っている敵同士というイメージがありました。しかし最近は、組合員もマネジメント層の非組合員も同じ会社というコミュニティの一部であり、対立ではなく共存・共栄するのが当然だと捉えている企業が多くなりました。例えば、軋轢なく労働組合と会社の経営層間で異動をしていたり、会社と労働組合が知恵を出し合って、法定外福利厚生の制度を作ったりしています。社員が不慮の事故などで亡くなった際に、お子さんを会社がバックアップして高校や大学進学の支援をできるよう、他の財団と組んで遺児育成基金を制度として作った事例もあります。

労働組合は本来、社員が生き生きと働ける環境を作るための組織です。給料のベースアップなどで対立しているイメージばかりが先行していますが、最近は労働組合と会社が手を取り合うという本来のあるべき形に戻っていると感じています。

クライアントのB社も、社員一人ひとりの当事者意識が強い会社だと感じています。B社では、パーパスを絶えず色々な側面から表現し続けています。また、新しく入社した方々が過去の配信を閲覧できるように、WEB社内報をカスタマイズしたのです。「何のためにこの会社に集まったのか?」ということを好きなタイミングでいつでも確認できること、パーパスを新たな表現の仕方で伝え続けていったことが、社員の当事者意識や主体性向上の要因だと感じています。

役職や職種は本来、上下優劣はなく、役割が違うだけです。そのことを皆が肌で感じている組織こそが、皆がファンになる組織と言えます。

6－8 「あなたが嬉しいこと」は「わたしも嬉しい」、「わたしがつらいこと」は「あなたもつらい」

「役割が違うだけ」ということに通じますが、社長も部長も一般社員も、全員が単なる人です。「嬉しいことは嬉しい」「悲しいことは悲しい」「つらいことはつらい」のです。

社員が会社を辞めたとき、「会社はどう考えているんですか！」と、経営者として責められたことがあります。言葉の裏で、「社長なら耐えて当然」「冷酷で辛くないように見える」「社員はいくらでもいると考えている」などと、思われているのかもしれません。実際は、「本当につらいよ」と思っています。役職が変わっても人としての感情は変わらないと、経営に行ってなおさら感じています。

また、受注が取れない営業に対して「なんで受注が取れないんだ！」と言い詰める上司がいるシーンを思い浮かべてください。巷によくある状況ですが、営業の社員も「取れなくてどうしよう」と思っているわけです。この場合、「なんで取れないのか？」より「どうやったら取れるのか？」と会話する方が建設的でしょう。部下に言い詰める上司も、もし自分が受注を取れない状況であれば、同じようにつらいと感じるはずです。そこに気づいた人は「どうしたら受注が取れると思う?」などと、部下にかける言葉も変わってきます。

人には才能がある話もしました。才能を活かせている、またはやりたいことと業務が合致していると最高のパフォーマンスを出せるかもしれません。一方で、不得意なことをしている社員がいたら、「しんどいよね」と共感できることもあります。

このように、相手に対して常に思いを馳せ、尊重できる感度が必要です。これを言うと、「経営者と営業って役割違いますよね、共感できないですよね」と思う方もいるかもしれません。そこは、自分の中で起こった体験と何かが紐づいて感情が湧き上がり、共感すると思っています。営業の例で言うと、私の場合は、一番最初に取れたお客さんへの喜びや思い入れ、支援してくれた会社への感謝が共感の糸口になっています。社員の失敗に対しても、「自分も若い頃こうだったな」と思うこともあります。

思いを馳せる上で、やはり直接経験することに勝るものはありません。自分が忙しいと、人の心の中に入っていくこと自体難しいものです。

まずは時間を取り、そして一緒に現場に行かないと、痛みの共有はなかなか難しいものです。職域が違う仕事をできないのを思い知って傷つき、はじめて社員の気持ちがわかると思います。一緒に仕事ができなかったとしても、現場に行き、現地現物を自分の目で見て、耳で聞いて、肌で感じることが非常に大事でしょう。

特に経営者は、社員の痛みに対して時間をかけて理解し、体験し、一緒に傷つくことが必要です。その苦しみがあるからこそ、皆が痛くなくなる会社を真剣に考え、幸せに導く手立てを実行できると考えています。

6-9 最後に　日本を「働く笑顔」であふれる国にしたい

当社スカイアークのパーパスは、「〝はたらき〟から、笑顔を」であり、これは幸せや豊かさを求める人の本能そのものです。

苦しい表情をしながら、「しんどいな」「何のためにやってるんだ」と思いながら働きたい人はいないでしょう。働きながら笑顔に、笑顔になりながら働けていたらいいなと、本当は誰もが望んでいます。ただ、「仕事はつらいもの」という先入観があるために、「はたらく笑顔」を元から諦めている人が多いのが現状なのです。

事実、笑顔が生まれない働き方も存在しています。視野の狭い価値観から人を評価する、社員の可能性を見つけることができない、「ダメ社員」というレッテルを張る、これらが「はたらく笑顔」を奪っています。

これには、「笑顔で働く社員と会社の業績は両立できない」という先入観が潜んでいます。仕事だけではなく、プライベートや人生そのものも充実させないと笑顔で働き続けることはできません。一方で、馬車馬のように働かないと業績を上げるのは難しい。だから、「働く笑顔」は実現できないと思われがちです。

本書では、「ウェルビーイング・カンパニー・メソッド6原則」により、社員の幸福度が上がり、就労時間を減らしながら売上が1.3倍になり、社員が自走して組織が勝手に回り出すことを紹介してきました。つまり、社員の幸福度と会社の業績は連動しています。これからは特に、社員の幸福度によって会社が成長することこそ、持続可能な企業の条件となります。働く時間は1日の中で一番長い訳ですから、生涯の中でも働く時間が幸せになれば、国全体の幸福度も上がっていくのです。

まずは、会社が目指しているパーパスを社員に伝えましょう。そして、社員に「何のために自分たちはこの会社に集まり、働いているのか」に対して、共感・共鳴してもらうことが第一歩です。パーパスを確認し合えれば、「〝はたらき〟から、笑顔を」は本能で誰もが求めているので、結果として社員が会社の目指す世界観をありのままに表現でき、躍動していける組織が作れます。

当社は、一貫して企業のコミュニケーションの仕組み作りをサポートしてきました。そして、コミュニケーション活性化の先に、誰もが充実した状態で働くことができ、会社のパーパスを成せると実証してきました。「COA（＝受容文化）」の浸透で、社員が会社のファンになり、それが企業の持続可能な業績にもつながる。そこに気づく企業が増えれば、結果として日本全体も「働く笑顔」であふれていくと信じています。これからも、日本中に「働く笑顔」を広げていく所存です。

■あとがき

本書では、社員が会社のファンになるというテーマで、そのためのエッセンスや経験則をお伝えさせていただきました。最後までお読みいただき、本当にありがとうございます。

本文中でも繰り返しお伝えしましたが、社員に会社のファンになってもらうには、受容文化ＣＯＡが大切です。そして、一歩進めて考えると、まず会社が社員のファンになる事が先だと感じています。考えてみたら、ほとんどの会社が面接して魅力的だと思った人財だけを採用しているはずです。私も一人の経営者として、経営陣やマネジメント層がもっと社員のパーソナルな部分を深く知る努力や雰囲気づくりが大切だと痛感しています。

例えば、社員の「人生の目的は何なのか？」「好きな食べ物、嫌いな食べ物は？」「好きなアーティストは誰か？」「休日は何をして過ごしているのか？」などの質問に答えることができるでしょうか？　もちろん、本人のプライバシーもあるので、無理矢理聞き出すことはできません。

しかし、今の時代は会社のパーパスと社員の人生の目的が一致していなければ、上手くマネジメントすることは難しいと感じています。社員が人生で成し遂げたいことを会社がしっかりと受け止め、その上で会社の目標とすり合わせる必要があるのです。もし、仮に社員と会社の価値観が完全に一致しないなら、お互いにとってプラスの結果は生まないでしょう。

本書を通して、幸せな人生を送るビジネスパーソンが増え、その結果、日本企業の成長に貢献できたら著者として嬉しい限りです。社員が心から会社を好きになり、自分の才能を存分に発揮することができたら、このような明るい未来も決して絵空事ではないと考えています。今後、社員が会社のファンになる情報発信や研修なども行っていく予定です。

最後に、本書を制作するにあたり協力していただいたみなさま、いつも会社を支えてくれているスカイアークの社員メンバー、素晴らしいお客様とビジネスパートナーのみなさま、最愛の家族に感謝を述べたいと思います。みなさまのおかげで現在の私がいます。本当にありがとうございます。これからも「〝はたらき〟から、笑顔を」という企業ビジョンを胸に刻みながら精進していきますので、末永く見守っていただけたら嬉しいです。

9月吉日　平栗　健太郎

読者限定無料特典

「社員が会社のファンになる」
社内報コンテンツアイデア 100 選プレゼント

・社内報の企画・立案に役立つアイデア集です。
・社員が会社のファンになる講座、イベントそのほかの情報も不定期にてお届けいたします。

http://solanowa.jp/giveaway/ShuroKofukudoUp/

MEMO

MEMO

社員が会社のファンになる
就労幸福度アップの教科書

2024 年 11 月 26 日　初版第1刷発行

著　　者　　平栗　健太郎

発 行 者　　延對寺　哲
発 行 所　　株式会社 ビジネス教育出版社
〒102-0074　東京都千代田区九段南 4 - 7 - 13
TEL 03（3221）5361（代表）／ FAX 03（3222）7878
E-mail ▶ info@bks.co.jp　URL ▶ https：//www.bks.co.jp

企画協力　　潮凪 洋介（HEARTLAND Inc.）
編集協力　　町田 新吾
印刷・製本　　モリモト印刷株式会社
ブックカバーデザイン　　飯田 理湖
本文デザイン・DTP　　浅井 美津

ISBN978 - 4 - 8283 - 1101 - 2